给青少年讲红色纪念馆里的故事丛书

开天辟地创伟业：
建党的故事

中共一大纪念馆 编著

中原出版传媒集团
中原传媒股份公司

大象出版社
·郑州·

图书在版编目（CIP）数据

开天辟地创伟业：建党的故事／中共一大纪念馆编著.— 郑州：大象出版社，2024.7
（给青少年讲红色纪念馆里的故事丛书）
ISBN 978-7-5711-2131-0

Ⅰ.①开… Ⅱ.①中… Ⅲ.①中国共产党全国代表会议-故址-纪念馆-上海-青少年读物 Ⅳ.①K878.2-49

中国国家版本馆CIP数据核字(2024)第046872号

给青少年讲红色纪念馆里的故事丛书

开天辟地创伟业：建党的故事
KAITIAN-PIDI CHUANG WEIYE：JIANDANG DE GUSHI

中共一大纪念馆　编著

出 版 人	汪林中
丛书策划	董中山
项目总监	张桂枝
项目统筹	孟建华　崔　征
责任编辑	崔　征
责任校对	毛　路　安德华
装帧设计	付锞锞
责任印制	张　庆

出版发行	大象出版社（郑州市郑东新区祥盛街27号　邮政编码450016） 发行科 0371-63863551　总编室 0371-65597936
网　　址	www.daxiang.cn
印　　刷	河南新华印刷集团有限公司
经　　销	各地新华书店经销
开　　本	720 mm×1020 mm　1/16
印　　张	14.25
字　　数	141千字
版　　次	2024年7月第1版　2024年7月第1次印刷
定　　价	39.00元

若发现印、装质量问题，影响阅读，请与承印厂联系调换。
印厂地址　郑州市经五路12号
邮政编码　450002　　电话　0371-65957865

丛书编委会

丛书策划

黄乔生　薛　峰　董中山　王刘纯

丛书编委

（按姓氏笔画排序）

马海亭　王小玲　卢润彩　史永平

李　游　杨　宇　杨长勇　陈　松

孟建华　袁海晓　高慧琳

本书编委会

主　编

薛　峰

副主编

周　峥　阮　竣

责任副主编

杨　宇

我们走过的路（总序）

"什么是路？就是从没路的地方践踏出来的，从只有荆棘的地方开辟出来的。"

漫长的古代，在世界文明发展的道路上，我们曾经长期领先。到了近代，中国开始逐渐落后。鸦片战争使得"天朝上国"的旧梦彻底破灭，两千多年的封建道路再也走不下去，并随即堕入半殖民地半封建社会的深渊。

百年中国近代史，是一部屈辱史、抗争史，更是一部探索史。然而探索的道路充满血泪艰辛。北洋舰队的覆灭宣告洋务运动破产，谭嗣同的流血冲淡不了戊戌变法的败局，"城头变幻大王旗"揭示出辛亥革命的无奈……列强环伺，生灵涂炭，中国前进的道路在何方？民族复兴之路在哪里？！

历史的重担落到了中国共产党肩上。"十月革命一声炮响,给我们送来了马克思列宁主义",经由五四新文化运动,马克思主义开始在中国广泛传播,1921年7月,在上海,中国共产党正式成立——中国革命的面貌从此焕然一新!

现在我们正走在中国特色社会主义的道路上,我们的国家和民族已经站起来、富起来,正在强起来。习近平总书记强调指出:"走得再远、走到再光辉的未来,也不能忘记走过的过去,不能忘记为什么出发。"

红色纪念馆能够告诉我们来时所走过的路,告诉我们为什么要出发——她是历史的积淀,是探索的记录,是前行的坐标。红色纪念馆用大量的实物、图片、文字、音视频等,浓缩了一段段难忘岁月,展现了一个个感人场景,记录了那些让我们不能忘却也无法忘却的重大事件和重要历程,彰显着我们昂扬的民族精神,温暖着我们砥砺前行中的心灵!

青少年是祖国的未来,是担当民族复兴大任的时代新人,更需要身怀梦想,牢记初心,不忘来时的路。为此,我们编写了这套"给青少年讲红色纪念馆里的故事丛书",希望广大青少年在前行的道路上、在人生的"拔节孕穗期",汲取更多的营养,积蓄更多的发展力量。

  希望阅读这套图书,恰似行走在研学旅行的探索之路上,红色号角在耳畔嘹亮吹响;又似畅游在革命文化大河之中,乐观向上、坚韧不拔的东风迎面扑来。首先我们来到北京新文化运动纪念馆,看一看在那个风起云涌的年代,马克思主义如何传入中国,历史为什么会选择中国共产党;接着我们来到中国共产党第一次全国代表大会纪念馆,去感受"开天辟地创伟业"的神圣时刻、重温伟大中国共产党的创建;然后我们来到南昌八一起义纪念馆,目睹人民军队的诞生、建军大业的完成;我们来到井冈山,感受"星星之火,可以燎原"的力量;我们来到瑞金,追述一段红色故都的往事;我们来到遵义,去重温伟大转折、传唱长征史诗;我们来到延安,去拥抱那段难忘的革命岁月;我们来到八路军太行纪念馆,听一听中国共产党领导人民进行伟大抗战的故事;最后,我们来到西柏坡——这个时候,新中国已如一轮红日冉冉升起!

这就是我们走过的路。

这里面蕴含着我们的道路自信、理论自信、制度自信和文化自信。今天，"我们比历史上任何时期都更接近、更有信心和能力实现中华民族伟大复兴的目标"；"我们要一棒接着一棒跑下去，每一代人都要为下一代人跑出一个好成绩"。

这是历史的使命！

丛书编委会

2024 年 1 月

写给青少年的话（代序）

中共一大纪念馆是中国共产党的诞生地、中国革命的摇篮、中国共产党人的精神家园，这里是中国革命的重要历史见证。

中国共产党的先驱们创建了中国共产党，形成了坚持真理、坚守理想，践行初心、担当使命，不怕牺牲、英勇斗争，对党忠诚、不负人民的伟大建党精神，这是中国共产党的精神之源。习近平总书记在庆祝中国共产党成立100周年大会上的重要讲话中，总结、概括、提炼了我们党在百年奋斗历程中形成的伟大建党精神，正是这种伟大精神，成为了中华民族崛起的血脉精魂，使我们得以传承信仰之光和理想之火。

中国共产党从建党之初的50多名党员，到今天已经成为拥有9800多万名党员、具有重大全球影响力的世界第一大执政党;从积贫积弱的旧中国,到走进世界舞台中央,我们伟大的党一百多年的奋斗历程,就是推动中国由危亡走向复兴、带领人民由苦难走向幸福的历史征程。

传承红色基因,讲好红色故事,"让文物活起来",是红色场馆的责任与使命。青少年不仅是纪念馆的参观者,更是红色文化和革命精神的传承者。只有深入了解历史,青少年才能深刻认识到,我们党的历史就是我们宝贵的精神财富和力量源泉;只有讲述好文物背后的故事,青少年才能感受到文物所承载的历史意义和深刻内涵;只有读懂读透红色故事,青少年才能进一步继承和弘扬党的优良传统。

红色场馆是历史的浓缩与再现,更是爱国主义教育最有价值的载体,其厚重的历史积淀、丰富的精神内涵、深厚的文化氛围,值得让青少年充分了解、永远铭记。近年来,中共一大纪念馆勇于尝试打破传统的传播方式,努力打造新型传播体系。我们要将中共一大纪念馆建设成中国共产党创建历史资源的保护和呈现高地、中国共产党创建故事的讲述和传播高地、伟大建党精神的研究和阐述高地。我们推出的"元宇宙""探馆有益""初心之旅"等特色项目让教育形式更加灵动、新颖。我们相信,潜移默化的文化感染与熏陶,能够帮助青少年以实际行动接受思想洗礼;我们认为,主动聆听青少年群体的需求,用充满吸引力的讲述方式、用与时俱进的表达形式,才能引导更多的青少年主动走进红色场馆,爱上红色场馆。同时,这也彰显出红色场馆存在的意义。

红色文化是中华民族优秀文化的重要组成部分，红色场馆则是中华优秀文化的历史价值在当代的延续。弘扬和践行社会主义核心价值观，必须重视发掘红色文化的时代价值；提升爱国主义教育活动的影响力，必须深入挖掘红色文化教育资源。

让我们一起努力，把党史中的质朴语言转化为新时代的新表达，让红色场馆里的文物真正"活"起来、"火"起来，让更多的青少年主动走入，积极融入，弘扬伟大建党精神，传承红色基因，感知红色魅力。

薛峰

2022 年 7 月

目 录

第一部分

群英结党救中华

——探秘中共创建......001

定格一个瞬间	"南陈北李"相约建党......003
讲述一段往事	中国共产党为何在上海诞生......009
派来一位使者	俄共(布)代表维经斯基......013
走进一条弄堂	中国共产党第一个早期组织的建立......018
致敬一部经典	谁翻译了《共产党宣言》第一个中文全译本......022
培育一批精英	《民国日报》的招生广告......028

第二部分

此间曾著星星火
—— 寻踪中共一大会议......033

神秘这一隅　女校里住进"北大师生暑期旅行团"......035

聚焦这一刻　望志路上的"李公馆"......040

惊险这一幕　不速之客闯入会场......046

应变这一步　中共一大最后一次会议为何改到南湖游船上举行......050

惊喜这一"见"　海外惊现中共第一个纲领和决议......054

抱憾这一事　悬而未决的中共一大会议闭幕日期......060

铭记这一页　中共一大的历史意义......065

第三部分

大浪淘沙话信仰
—— 素描中共一大代表......073

中共一大会议召集人　李达......075

智斗法租界巡捕的一大代表　李汉俊......081

从晚清秀才到一大代表　董必武......086

长眠在新疆的一大代表　陈潭秋......092

最年长的一大代表　何叔衡……099

中共一大会议的书记员　毛泽东……106

为理想而改名的一大代表　王尽美……115

中共一大唯一的少数民族代表　邓恩铭……121

中共一大会议主持人　张国焘……128

年龄最小的一大代表　刘仁静……134

被离奇命案吓走的　陈公博……139

曾任中央局代理书记的　周佛海……145

身份颇具争议的一大代表　包惠僧……150

参加中共一大会议的共产国际代表　马林……156

"隐藏"了半个世纪的共产国际代表　尼克尔斯基……162

第四部分

红色起点颂华章

——守护精神家园……169

唤醒青年　余音不绝　陈独秀与《新青年》……171

叱咤风云　指尖回响　李大钊用过的英文打字机……177

山穴秘藏　甘载春秋　张人亚及其保存的珍贵革命文献……182

几经波折　终复原貌　中共一大会址的找寻与复原……187

挥毫泼墨 伟人丹青 邓小平为中共一大会址纪念馆题写馆名......194

不忘初心 牢记使命 习近平总书记带领中央领导集体瞻仰中共一大会址......200

附录 中共一大纪念馆简介......207

后记......209

第一部分

群英结党救中华

——探秘中共创建

中国近代以来，为了挽救国家和民族的危亡，各派政治力量纷纷登上历史舞台，然而都没有成功。中国的出路到底在哪里？许多先进的中国人在沉闷、彷徨中寻找新的道路。几经失败和挫折，人们把希望寄托到新兴的无产阶级及其政党的身上。

正是这个党，给灾难深重的中国人民带来光明和希望。虽然这时她的力量还很弱小，但她满怀信心地以改造中国为己任，为实现民族独立、人民解放、国家富强，开始了不屈不挠、艰苦卓绝的斗争历程。

定格一个瞬间
"南陈北李"相约建党

"北李南陈，两大星辰"

五四时期的青年中，流传这样一首小诗："北李南陈，两大星辰，漫漫长夜，吾辈仰承。""北李"和"南陈"分别指谁？他们在中国共产党建党过程中又发挥了怎样的作用呢？下面，我们一起来读这个故事吧。

1920年2月的一天，正是农历春节前生意人往各地收账的时候，一辆带篷骡车驶出北京朝阳门，在通往天津的公路上扬起了行尘。车篷里坐着两位先生，一位国字脸、蓄八字胡，戴着眼镜，随身的账簿封面上印着店家的红纸片子，看起来是账房先生。另一位四十多岁年纪，长袍外面穿一件背心，头戴毡帽，像是生意人。

从北京至天津，大约三百里地，乘骡车要两天才能到。奇怪的是，两位先生一路热烈讨论的，并不是今年的账目，而是"俄国""布尔什维克""无产阶级"。

"南陈北李"相约建党

谁能想到，这两个看上去再普通不过的"生意人"，竟是五四运动以来中国思想界的两位领军人物——李大钊和陈独秀呢？他们所讨论的，是要在中国建立一个像苏俄布尔什维克党一样的无产阶级政党。

李大钊和陈独秀初次结识，是在两人留学日本期间，李大钊读了陈独秀撰写的《爱国心与自觉心》，回应了《厌世心与自觉心》一文，并通过两人共同的朋友章士钊安排会面探讨，从此，两个志同道合的人结为好友。回国后，陈独秀在上海创办了《青年杂志》（后改名为《新青年》），李大钊在北京创办了《晨钟报》，一刊一报遥相呼应，呈南北掎角之势，大力宣传民主与科学。1917年1月，陈独秀出任北大文科学长，《新青年》编辑部随他一起

李大钊半身照　　　　　　　　陈独秀半身照

从上海迁至北京。1918年1月，李大钊出任北大图书馆主任。从此，《新青年》成为陈独秀、李大钊等共同倡议、领导新文化运动的主阵地，北大红楼也成为宣传新思想、新学说和研究社会主义、马克思主义的中心。

1919年五四运动爆发后，为营救被捕青年学生，陈独秀起草散发《北京市民宣言》，遭到反动当局逮捕。虽然当局迫于舆论压力不得不在三个月后释放了他，但陈独秀的一举一动都受到北洋政府京师警察厅的严密监视。1920年2月初，陈独秀秘密抵达武汉，应邀到武昌文华大学等校发表演讲，提倡"打破阶级的制度，实行平民社会主义"，湖北官厅大为惊骇，令其停止演讲，速离武汉。当陈独秀离开武汉乘火车重返北京时，北洋政府急令京师警察厅派了一名警察，监视守候在北池子陈独秀寓所门前，准备等陈独秀一回到北京马上加以逮捕。

陈独秀的友人、北京大学教授高一涵得悉这一消息，就同李大钊商量，决定派人先到车站守候。待陈独秀一下车，就把他接到北京大学教授王星拱家里暂避，而后又转移到李大钊家里。

接到了陈独秀，李大钊心想，再不能让陈独秀被反动当局抓进牢房了。既然他在北京被京师警察厅严密监控，那不如转移到政治环境相对宽松的上海去。此时，北京火车站遍布警察，是不能走了。马上就是春节，干脆就乔装成收账生意人，雇一辆骡车，取道天津南下上海。陈独秀是南方人，讲话口音会暴露身份，而李大钊是河北人，不容易引起怀疑，所以他决定亲自护送陈独秀离开北京。整整两天，骡车一路颠簸，"南陈北李"却丝毫不以为意。他们关于在中国创建共产党的讨论和约定，很快就体现在遥相呼应的建党准备中。

陈独秀到天津后，又乘轮船赴上海。事先李大钊已向在上海的北京大学学生许德珩发出电报，要他在上海帮助陈独秀找住所。许德珩接到电报后，就预租了法租界环龙路老渔阳里2号（今南昌路100弄2号），让陈独秀定居下来。不久，陈独秀又把《新青年》编辑部从北京迁到这里。

此时此刻，陈独秀对北京的学生运动状况作了深刻的反思，感悟到没有工人阶级的奋起，只有学生运动难以达到社会革命的目的。于是他把目光转向工人阶级，开始把马克思主义与工人运

党史小博士

青年人的良师益友

李大钊是传播马克思主义的先驱,具有很高的声望,许多青年团结在他的周围,把他作为良师益友。毛泽东后来回忆说:"我们那个时候是他的学生。""我在李大钊手下在国立北京大学图书馆当图书馆助理员的时候,就迅速地朝着马克思主义的方向发展。"

动结合起来。

李大钊返回北京后,和邓中夏、高君宇等经过多次酝酿讨论,决定首先在北京大学组织一个马克思主义的研究团体,为建党做思想上和干部上的准备。1920年3月,李大钊在北大成立"马克思学说研究会"。马克思学说研究会团结了许多进步青年。1920年5月,陈独秀在上海成立"马克思主义研究会"。北京和上海这两个马克思主义研究会的建立,既为建党做了理论上、思想上的准备,也做了组织和干部的准备。以陈独秀、李大钊为代表的共产主义者相约在上海和北京开展的各项革命活动,为中国共产党的筹备建立,打下了重要的基础。

1920年4月,俄共(布)代表维经斯基来华,随行的有俄共(布)党员、翻译杨明斋,他们同李大钊、陈独秀等取得联系,帮助筹建中国共产党。同年6月,陈独秀、李汉俊、俞秀松、施存统、陈公培5人在陈独秀寓所聚会,决定成立上海共产党早期组织。

为了使全国各地尽早建立党的早期组织,上海共产党早期组织的成员写信给北京、武汉、长沙、济南等地的共产主义者,建议各地建立同样性质的组织，起到了中国共产党发起组的作用。1920年10月，北京的共产党早期组织在北京大学图书馆李大钊的办公室正式成立，发起人有李大钊、张申府、张国焘3人。上海、北京的共产党早期组织成立后，武汉、长沙、广州、济南等地的先进分子以及旅日、旅法华人中的先进分子，也相继建立了共产党早期组织。

各地共产党早期组织成立后，建党活动不断发展，建党工作初具规模。许多先进分子，对帝国主义的幻想破灭，怀抱对社会主义的强烈向往，在十月革命的影响下，经过五四运动，逐渐成为愿意为无产阶级革命事业奋斗的先锋战士。他们沿着"南陈北李"相约建党的车辙，开始了在中国近代史上具有划时代意义的伟大实践。1921年7月，中国共产党第一次全国代表大会在上海召开，庄严宣告中国共产党的正式诞生。

（赵嫣一　馆员）

讲述一段往事
中国共产党为何在上海诞生

明灯照亮风雨迷雾的上海滩

上海，不仅是当今中国最大的城市之一，还是中国共产党的诞生地。1921年7月，正是在上海，一批先进的中国人创立了中国共产党，从此，中国革命的面貌便焕然一新。那么，人们不禁要问，上海何以会成为中国共产党的诞生地呢？

中国共产党诞生在上海是一种历史的选择，近代上海别样的城市特性、繁荣的经济文化和雄厚的社会力量为中共建党奠定了必要的基础。

近代上海之所以能够成为中国最重要的工商业中心，很大程度上缘于它独特的地理优势。上海位于中国南北海岸线的中端，又是长江的出海口，水运发达，不仅地处经济富庶的江南地区，而且远通两湖、四川等内陆重要省份，地理位置上的优越性使它成为国内外交通贸易的天然枢纽。在外国资本的推动下，近代上

20世纪20年代的上海外滩

海的经济迅猛发展。据统计,近代上海的经济贸易在1894年时占全国的53.44%,1918年占40%,可谓当时中国外贸的半壁江山。待到20世纪初,上海已从一个普通的海边县城一跃成为远东国际大都市。

上海是中国工人阶级的重要发祥地。在经济迅速增长的同时,上海产业工人的数量也不断增长。换句话说,上海能取得如此惊人的经济成就,离不开数量庞大的工人阶级。据统计,1910年上海产业工人为10万人左右,而到了1919年,工人总数至少达到52万,约占当时全国工人总数的1/4,上海成为中国工人人数最多、最集中的城市。随着工人数量的增长,工人阶级的力量也不断加强,各类工会团体及自发组织的活动非常活跃,为中国工人阶级的先锋队——中国共产党的诞生奠定了阶级基础。

与此同时,东西方文化在这里碰撞,并形成了特殊的政治空间。近代上海华洋杂处,存在公共租界、法租界、华界三个不同的行政区域,形成"一市三治"的政治格局。清政府和北洋政府对租界没有管辖权,租界的政治社会环境相对宽松,为革命活动的开展提供了相对安全的空间和缝隙。

开放包容的环境,进一步促进了先进思想和先进文化在上海的传播,推动了文化事业的发展,进而吸引大批先进知识分子会聚于此。上海自晚清时期便是西学东渐的重要窗口,一批新兴的新闻报刊、新式学堂、译书机构等文化机构纷纷在上海创立。据统计,从1840年至1898年,中国共出版西方书籍561种,而上海出版的就有434种。马克思主义也是在西学东渐风潮中最早出现在上海的报纸上的。在先进文化的传播过程中,中国的先进知识分子激发出推动社会变革的极大热情。

正是基于以上这些条件,近代上海成为各类政治力量汇聚、发展及角逐的必然之地。中国最早的一批信仰马克思主义的共产主义者,如陈独秀、李汉俊、李达、俞秀松、陈望道、邵力子、李启汉等,也是出于这些原因,选择来到上海办报办刊,积极宣传马克思主义,同时,深入工人群体开展调查、教育和宣传。许多外地的先进分子如毛泽东、董必武、陈潭秋、张国焘等人也因为来到上海而结识了志同道合者,成为马克思主义的追随者。当时,刚成立不久的共产国际要推动开展远东地区的革命工作,同样将上海作为派驻代表的首选地点。就这样，在内外两股力量相互合力的作用下，中国共产党第一次全国代表大会选择在上海召开，宣告了中国共产党的正式成立。

▌探索小百科

"上海"之得名

据考证，"上海"得名于宋代，当时这里有一条吴淞江的支流"上海浦"（在古代，人们把河流入海的地区叫作"浦"）。由于地处长江入海口，上海逐渐成为一个新兴的贸易口岸。宋咸淳三年（1267），在上海设市舶分司，这是一个专门管理海运进出的官方机构，由于它的存在，当地的发展也渐成规模，有了上海镇的称呼。元代时，上海设县。明代时上海更加兴盛，划归松江府管辖。到了晚清，西方列强通过发动鸦片战争撬开了中国的大门，1843年上海被迫开埠，由此迎来历史的转折。

（孙量　馆员）

派来一位使者
俄共（布）代表维经斯基

俄共（布）使者"吴廷康"

中国共产党的创建是马克思主义与中国早期工人运动结合的产物，还得到了苏俄和共产国际的大力帮助。1919年五四运动爆发后，俄共（布）先后派了几位密使来到中国，了解中国的情况，与中国进步组织的代表建立联系，帮助建党，维经斯基（魏金斯基，中文名为吴廷康）就是其中的一位。他来中国都做了些什么工作呢？让我们通过下面这篇文章认识一下他吧！

维经斯基1893年出生于俄国一位木材场管理员的家庭。1913年移居美国，开始从事政治活动。1915年加入美国社会党。十月革命胜利后，他回到俄国，在海参崴加入俄国共产党。1920年1月参加共产国际工作。1920年3月，经俄共（布）中央正式批准，俄共（布）远东局建立，负责领导远东地区各国革命者的工作。同年4月，经共产国际的批准，维经斯基和他的夫人库兹涅佐娃、

维经斯基

翻译杨明斋来到中国。他们此次中国之行的任务是：深入了解中国国内情况；与中国革命者建立直接的联系，建立革命组织，开展共产主义宣传工作；条件成熟的话，探讨中国建党问题等。

维经斯基一行到达北京后，通过北京大学俄籍教师鲍立维与李大钊取得联系，受到了李大钊的热情接待。他们举行各种座谈会，介绍俄国十月革命的情况，宣传马克思列宁主义，帮助具有初步共产主义思想的知识分子摆脱无政府主义和各种非马克思主义的社会主义的影响。经过与李大钊多次恳谈，维经斯基认为，中国已具备建立共产党的条件。李大钊遂介绍维经斯基一行到上海，会见陈独秀，共商建党大计。

在维经斯基来华之前，中国的马克思主义先驱陈独秀和李大钊就已经在上海和北京酝酿创建中国共产党。维经斯基的到来，为中共建党大业提供了不可或缺的外部帮助和经济支持，使之成为了现实。维经斯基利用东方民族部提供的活动经费，在上海开展工作，包括在上海成立了革命局，由5人组成（4名中国革命者和维经斯基），下设三个部，即出版部、宣传报道部和组织部。通过与陈独秀的接触，双方商定由共产国际提供经济资助，在上海建立共产党组织。在陈独秀的领导与策划下，1920年8月，上

1920年4月14日，上海《民国日报》刊登的《中国人与俄国劳农政府通告》

海共产党早期组织成立。

在上海共产党早期组织成立的同时，共产国际于1920年5月在上海设立东亚书记处，指导中国、朝鲜、日本等东亚国家开展革命工作。该处所设"中国科"的主要任务之一，即是"成立共产主义组织，在中国进行党的建设工作"。在上海成立革命局后，维经斯基派米诺尔在北京和广州两地相继成立了革命局，指导帮助北京和广州成立中国共产党的早期组织。由于维经斯基最初的设想并不是在中国建立一个纯粹的中国共产党，而是致力于"将各革命团体联合起来组成一个中心组织"，所以北京、广州两地最初的组织成员除马克思主义者外，还有无政府主义者。广州共产党早期组织的 9 位执行委员中除两位共产国际代表外，其余 7 位都是无政府主义者。直到 1920 年 12 月，陈独秀和维经斯基两人先后到达广州，才开始建立正式的纯粹的共产党组织。经过非常热烈的争论，无政府主义者退出了组织。在维经斯基回国后的 1921 年 3 月，陈独秀、谭平山、谭植棠、陈公博等共同建立了广州共产党早期组织，其中已经没有无政府主义者的身影。

上海的共产党早期组织成立后，其成员除积极写信给各地的共产主义者外，还通过派人指导和具体组织等方式积极推动武汉、长沙、济南等地成立共产党早期组织。到 1921 年春，在维经斯基和中国早期马克思主义者的共同努力下，上海、北京、武汉、长沙、济南、广州相继成立了中国共产党的早期组织，为中国共产党的成立奠定了基础。

1921 年年初，维经斯基准备启程返回俄国，经过北京时，他向中国同志表示："极希望中国的共产主义者和他们所建立起来的各地的雏形组织能够从速联合起来，举行第一次全国共产党代表大会，正式成立中国共产党，并迅速加入共产国际，成为它的一个支部。" 1921 年 7 月，中国共产党第一次全国代表大会在上海和嘉兴南湖召开，宣告中国共产党正式成立。

中国共产党的创建是中国近现代社会和历史发展的必然产物，是中国早期马克思主义者完成的革命创举，共产国际给予了指导和帮助，加速了中共创建的历史进程。

■ 党史小博士

俄共（布）的"中国通"

维经斯基是俄共（布）的"中国通"，对中国共产党的创建和发展作出了很大的贡献。维经斯基态度谦和，中国共产党领导人跟他的合作关系是比较好的。他写了大量的文章在苏俄和中国发表。他是共产国际与中国共产党之间的一座桥梁。1927年四一二反革命政变之后，维经斯基被调离中国，担任全俄农业合作社园艺中心副主席。1932年至1934年，他还担任过赤色工会国际太平洋书记处书记。

（毛亚蓉　馆员）

走进一条弄堂
中国共产党第一个早期组织的建立

中国共产党发起组成立之地

现今的上海市黄浦区南昌路 100 弄，原名环龙路老渔阳里。在这条狭长的弄堂里，有一幢坐北朝南的两楼两底砖木结构石库门旧式里弄住宅，虽然看起来并不起眼，但在中国共产党的历史上却意义非凡。

那么，在这条弄堂里曾发生了什么呢？让我们一起回到 1920 年的上海，去一探究竟吧！

1920 年 2 月，陈独秀到上海后不久，就开始深入到工人群众中，宣传马克思主义，并在这个过程中，积极开展建党工作。

1920 年 4 月下旬，维经斯基一行到达上海后，由陈独秀出面，邀请陈望道、戴季陶、沈玄庐、李汉俊、张东荪、邵力子、沈雁冰、陈公培、俞秀松、施存统、刘大白、沈仲九、丁宝林等人，在法租界环龙路老渔阳里（今南昌路 100 弄）2 号陈独秀寓所（即《新青年》编辑部）和白尔路（今顺昌路）三益里17号《星期评论》社多次举行座谈会，讨论社会主义思潮和中国革命问题。刘大白、沈仲九是《星期评论》的撰稿人、新文化运动的积极参加者，丁宝林是浙江绍兴女师的教员。维经斯基在座谈会上热情地介绍了俄国十月革命和革命后的政治、经济、教育等各方面情况，使与会者大开眼界、耳目一新。会议举行数次后，打算在此基础上成立马克思学说的研究会。张东荪、戴季陶两人只参加了一次座谈会后就不再参加。张东荪退出的理由是，"他原以为这个组织是学术研究性质。现在说就是共产党正式成立前的预备组织，那他就不能不退出，因为他是研究系，他不打算脱离研究系"。戴季陶说："我是三民主义的信徒，孙中山在世一日，我就不参加共产党。"

《新青年》编辑部旧址，位于上海市黄浦区南昌路100弄（原环龙路老渔阳里）2号

张东荪、戴季陶两人拒绝参加马克思学说的研究会，使真正信仰马克思主义的人聚集在一起，加强了团结，他们愈益觉得有学习、宣传马克思主义和组织中国共产党的必要。1920年5月，上海成立了马克思主义研究会，由陈独秀负责，成员有李汉俊、

陈望道、沈玄庐、施存统、杨明斋、俞秀松、沈雁冰、邵力子等。6月，陈独秀、李汉俊、俞秀松、施存统、陈公培5人在陈独秀寓所开会，讨论建立中国共产党的问题，决定初步定名为"社会共产党"。会上，以马克思主义为指导，起草了具有党纲、党章性质的若干条文，确定中国无产阶级政党必须采用下列手段，达到社会革命的目的：一、劳工专政（或劳农专政）；二、生产合作。会议选举陈独秀为领导人（书记）。这标志着中国共产党的早期组织产生了。

此后不久，陈独秀写信给李大钊征求对于党的名称的意见。李大钊认为，俄国社会民主工党已改称共产党，其他一些国家原来叫社会党的也正在改称共产党，故主张定名为"共产党"，陈独秀表示完全同意，于是不再称"社会共产党"。

1920年8月，上海的共产党早期组织在法租界老渔阳里2号《新青年》编辑部正式成立，取名为"中国共产党"。这是中国大地上出现的第一个共产党组织。

为了统一各地共产主义者对建党思想的认识，并为正式建党作准备，1920年11月，上海共产党早期组织曾制定了一份《中国共产党宣言》，宣言明确提出，要建立中国共产党，依靠工农群众进行无产阶级革命，建立无产阶级专政。宣言表明了中国共产主义者决心走俄国十月革命的道路，为在中国实现崇高的共产主义理想而奋斗的誓愿。这个宣言当时没有公开发表，仅供内部学习和作为接收党员的标准，第一次比较系统地表达了中国共产

《中国共产党宣言》手抄件

党史小博士

《中国共产党宣言》简介

《中国共产党宣言》于1920年11月在陈独秀主持下由上海共产党早期组织起草。宣言的正文分三部分，分别为：共产主义者的理想、共产主义者的目的和阶级斗争的最近状态。是当时接收临时党员的标准，第一次比较系统地表达了中国共产主义者的理想和主张。

主义者的理想和主张，为后来中国共产党正式成立时制定党纲奠定了基础。

上海共产党早期组织成立后，积极开展各项工作，宣传马克思列宁主义，组织工人运动和创建社会主义青年团，还通过写信联系、派人指导或具体组织等方式，积极推动各地共产党早期组织的建立，实际上起着中国共产党发起组的作用。1921年7月，中国共产党第一次全国代表大会在上海召开。此时，对各地党组织建立起了重要推动作用的上海共产党早期组织，完成了历史赋予的光荣使命。

（毛亚蓉　馆员）

致敬一部经典

谁翻译了《共产党宣言》第一个中文全译本

《共产党宣言》第一个中文全译本问世

《共产党宣言》于19世纪末20世纪初传入中国，1920年8月第一个中文全译本出版。尽管只是一本薄薄的小册子，却产生了改变中国历史的伟大力量。那么，到底是谁第一个全文翻译了这本《共产党宣言》？

《共产党宣言》是马克思和恩格斯为世界上第一个共产党组织——共产主义者同盟撰写的纲领，是人类历史上一个伟大的革命宣言，1848年2月在伦敦用德文出版，它的问世标志着马克思主义的诞生，标志着社会主义从空想变成科学。从发表到现在，《共产党宣言》已经被译成各种文字，影响遍及全世界。

1917年俄国十月革命胜利之后，中国的马克思主义的研究和传播日益广泛，进入了一个新的阶段。尤其在五四运动时期，出现了许多介绍、讨论《共产党宣言》等马克思主义著作的文章。

李大钊、陈独秀等一批先进的知识分子开始重新思考马克思主义，并运用其中的观点观察和解决中国的问题，并很快从革命民主主义走向马克思主义。最早介绍《共产党宣言》并成为马克思主义者的人是李大钊。1919年5月、11月出版的《新青年》杂志第六卷第五、六号上，李大钊发表《我的马克思主义观》一文，文中节译了《共产党宣言》的第一章"资产者和无产者"，这篇里程碑式的文章比较系统完整地介绍了马克思主义学说，并阐明了他对马克思主义的见解。

最初，李大钊、陈独秀在北京读了《共产党宣言》的英文版，深深地为马克思、恩格斯两位思想家、政治家的精辟理论所折服，感叹不已，都认为应当尽快将此书译成中文。当时在日本读书的戴季陶也曾有意把它翻译成中文。然而，翻译此书绝非易事，译者不仅要谙熟马克思主义理论，而且要有相当高的中文文学修养和丰富的社会实践经验。后来，戴季陶回到上海，主编《星期评论》，打算在《星期评论》上连载《共产党宣言》，并着手物色合适的译者。《民国日报》主笔邵力子向戴季陶举荐一人——陈望道。

就这样，时年29岁的陈望道回到阔别多年的故乡浙江

陈望道（1891—1977）

《共产党宣言》第一个中文全译本。8月首版本

《共产党宣言》第一个中文全译本。9月再版本

义乌分水塘村，在自家破陋的柴房中，开始了《共产党宣言》的翻译工作。为了专心致志地译书，陈望道足不出户、夜以继日地埋头工作。《共产党宣言》思想极其丰富、深刻，文字也极为优美、精练，要准确、生动地达意传神，殊为不易。连《共产党宣言》作者之一恩格斯也曾经说翻译《宣言》是异常困难的。陈望道依据戴季陶和陈独秀提供的日文版与英文版，在缺乏参考资料的情况下，凭着《日汉辞典》《英汉辞典》，字斟句酌地翻译，费了平时译书的五倍工夫，把全文彻底译出来了。

之后，陈望道来到上海，把译文连同日文版、英文版的《共产党宣言》交给不仅熟悉马克思主义理论，而且精通日、英、德语的李汉俊，请他校阅。因《星期评论》停刊而无法公开发表陈望道的译作，陈独秀便与维经斯基和杨明斋等人商议，筹措出版资金。很快，就在上海辣斐德路（今复兴中路）成裕里12号，建起了一个小型的秘密印刷厂——又新印刷所，取意于"日日新又日新"。1920年8月，《共产党宣言》的第一个中文全译本就在这里问世了。它以"社会主义小丛书第一种"形式，以"社会主义研究社"名义发行，初版共印了1000本。封面上印有马克思半身坐像，水红底色，比现在的小32开还要小一点，全书竖排版，用5号铅字刊印，共56页。有意思的是，书名因排字工的疏忽被印成了"共党产宣言"。于是，研究社在9月又第2次印刷，改正了书名，并将水红色封面改为蓝色封面。《共产党宣言》中译本一经出版，便受到中国先进分子的热烈欢迎，仅过6年，便印至 17 版。

《共产党宣言》尽管只是一本薄薄的小册子，但它却产生了改变中国历史的伟大力量，也成为有识之士研究人类社会发展的重要文献，散发着恒久的魅力。

党史小博士

《共产党宣言》的结构和内容

《共产党宣言》的结构包括引言和正文四章，引言说明了此书产生的历史背景和目的任务，正文分别是：资产者和无产者、无产者和共产党人、社会主义的和共产主义的文献、共产党人对各种反对党派的态度。它完整、系统而严密地阐述了马克思主义的科学思想体系，论述了社会主义代替资本主义、最终发展为共产主义的必然性，阐明了无产阶级作为资本主义掘墓人和未来社会创造者所担负的历史使命。

（吴凡　副研究馆员）

培育一批精英

《民国日报》的招生广告

石库门里的琅琅书声

1920年9月30日,上海《民国日报》头版刊登了一则招生广告:"本学社拟分设英法德俄日本语各班……有志学习外国语者请速向法租界霞飞路新渔阳里6号本社报名。此白。"

这个招收外国语学生的"学社"和中国共产党有什么关系?霞飞路渔阳6号发生了哪些重要的历史故事呢?

1920年6月,陈独秀、李汉俊、俞秀松、施存统、陈公培5人在上海法租界环龙路老渔阳里2号(今南昌路100弄2号)陈独秀的寓所聚会,决定成立上海共产党早期组织。经陈独秀提议,参照苏俄少年共产党的模式,积极发动青年学生参与革命工作。8月22日,作为共产党的助手和后备军,上海社会主义青年团正式成立,成立地点就在距陈独秀寓所不远的霞飞路新渔阳里6号。

当时,共产党早期组织都是秘密活动的,而青年团是半公开组织。党的许多活动以团的名义开展。为了凝聚青年力量，培养青年干部，他们以团的名义，在这里创办了一所教授外国语的"红色学堂"。

这便是前文广告中提及的"学社"——外国语学社。

外国语学社的首任校长杨明斋，是俄共（布）代表维经斯基的翻译；秘书俞秀松，则是上海共产主义青年团的第一任书记。

外国语学社旧址，位于上海市淮海中路567弄（原霞飞路新渔阳里）6号

为掩护青年团的革命活动、输送革命青年到俄国留学，在维经斯基的帮助下，1920年9月，学校正式开课了。学校分设英语、法语、德语、俄语和日语课程。"文法读本由华人教授，读音会话由外国人教授。除英文外各班皆从初步教起。"杨明斋和库兹涅佐娃（维经斯基的夫人）负责教俄文。而教日文的李达、教法文的李汉俊和教英文的袁振英，均为上海共产党早期组织成员。

虽说是面向社会公开招生，但外国语学社的很多学生还是由各地共产党组织或进步组织介绍而来。当时毛泽东、彭璜等在长沙组织成立湖南俄罗斯研究会，他们就介绍刘少奇、任弼时、萧劲光等从湖南到上海学习。

外国语学社的校舍，是一幢两楼两底的典型石库门房屋。在上海共产党早期组织正式成立前，这里还曾是杨明斋主持的中俄通讯社（后称"华俄通讯社"）所在地。当时，楼上为办公室和宿舍，楼下设了教室。学员许之桢在《关于渔阳里6号的活动情况》中提到："刘少奇、柯庆施住在楼上厢房。住在那里的人有的睡棕绷床，有的睡板床，也有的就睡地铺，帐子是不用的。楼上客堂也有铺位。俞秀松、李启汉住在楼上厢房亭子间，并放有油印机。杨明斋住在楼上灶披亭子间，是中俄通讯社办公的地方，放有写字台一只，楼下中厢房是吃饭的地方。"

课程安排不算紧张，"除星期日外每班每日授课一小时"，每周开设两个语种的课，学员半天上课，半天自习。在建党之初创办学堂，就是要在进步青年中传播马克思主义，点燃革命火种。因此，学校非常重视政治学习，经常组织学生学习《共产党宣言》、《共产党》月刊等马克思主义书刊。学生曹靖华曾回忆："各地来的穷学生，分散居住，集中学习，除外语外，还可阅读《新青年》《共产党宣言》以及介绍俄国革命、宣传马克思主义的小册子，我如饥似渴地接受新思想的熏陶……"

这里还常常举行政治报告会，由俞秀松介绍政治形势和团工作的开展情况，并邀请陈独秀、陈望道、沈玄庐、李达等人做演讲。其中陈望道讲课用的课本，就是他所译的《共产党宣言》。另一方面，组织也以此公开办校的形式掩护党团活动，学生在党团组织的领导下，参加工人运动和各项进步的社会运动，如帮助华俄通讯社收发、校对信息，宣传俄国十月革命，参加上海工读互助团和上海马克思研究会的活动等。

外国语学社是中国共产党早期组织创办的第一所培养革命干部的学校。1921年4月，经上海党组织选拔，留俄学员分三批出发，其中第一批就有刘少奇、萧劲光等十余人，奔赴莫斯科东方劳动者共产主义大学学习。

据中共上海市委党史研究室编著的《中国共产党上海史（1920—1949）》记载：以共产主义知识分子为桥梁，将马克思主义和工人运动相结合，是建党的根本原则问题。李启汉、俞秀松等知识青年纷纷脱下学生装，到工人中去做工、调查访问。1920年秋天，在沪西小沙渡工人聚居区，李启汉就开办了一所工人半日学校。李启汉放下知识分子的架子，和工人打成一片，学习工人的语言。从谈话中得知，工人普遍觉得做工太劳累，生活又困苦，平时连吃饭都成问题，对读书和学习马克思主义的兴趣自然不大。李启汉改变教学方法，索性在半日学校里组织起工人俱乐部、游艺室等，通过开展文娱活动吸引更多工人。这样，来的工人多了，再

李启汉

借机向大家宣传学习知识文化的种种好处，工人们自然就被广泛带动起来，积极投入革命运动的浪潮之中。从外国语学社中走出的青年学员，成了深入工人阶级、传播马克思主义的最佳桥梁。

党史小博士

杨明斋、俞秀松、李启汉

杨明斋（1882—1938）：十月革命前，他加入列宁领导的布尔什维克党。十月革命胜利后，他参加了保卫苏维埃政权的斗争。1920年3月，经共产国际批准，俄共（布）派维经斯基，携工作组成员和翻译杨明斋一行4人到中国活动。杨明斋是中国共产党创立时期著名的革命活动家，对党的早期事业作出过重大贡献，周总理赞誉他为中国共产党历史上受人尊敬的"忠厚长者"。

俞秀松（1899—1938）：中国共产党早期杰出的革命活动家，中国共产党首次出席莫斯科国际会议和首批留苏俄学习深造的共产党人，也是中国共产党最早参加与军阀作战的军事工作者，是中国共产党和中国社会主义青年团创始人之一。

李启汉（1898—1927）：中国共产党创建时期最早的党员，著名的早期工人运动领袖，曾任中国劳动组合书记部干事兼《劳动周刊》编辑、全国总工会组织部长、省港罢工委员会干事局局长和党团书记。1927年4月，被敌人秘密杀害。

（李欣瞳　助理馆员）

第二部分

此间曾著星星火

——寻踪中共一大会议

1921年7月23日,中国共产党第一次全国代表大会在上海法租界望志路106号(今兴业路76号)召开,后转移到嘉兴南湖,宣告中国共产党正式成立。从此,古老的中国出现了完全新式的、以马克思列宁主义为行动指南、以实现共产主义为奋斗目标的统一的无产阶级政党。中国的革命面貌就此焕然一新。毛泽东曾说:"中国产生了共产党,这是开天辟地的大事变。"由此,中共一大成为中国革命的红色之源,中共一大会址和嘉兴南湖上的游船成为中国共产党诞生的重要见证,成为中国亿万人民向往的革命圣地。这里是中国共产党人的精神家园。

神秘这一隅
女校里住进"北大师生暑期旅行团"

一所神秘的女校

游人如织的上海新天地一隅,有一条数百米长的林荫小道——太仓路,临街的127号是一幢砖木结构的两层石库门建筑。这里曾是法租界白尔路389号,是博文女校所在地。

1921年7月,已经放暑假的博文女校里,住进了"北大师生暑期旅行团"。随后,中共一大在不远处的望志路106号秘密召开,这其中有着什么联系呢?

博文女校是一所创办于1917年的私立女校,受经费限制,规模并不大,不过百十个学生,中小学合一。校长黄绍兰是国学大师章太炎唯一的女弟子,毕业于京师女子师范学堂,她思想进步,参加过辛亥革命,定居上海后,与黄兴的夫人徐宗汉等创办了博文女校。起初,校址在法租界贝勒路礼和里,后迁至白尔路389号。1921年7月,已经放暑假的女校里,住进了"北大师生暑期旅行

中共一大代表宿舍博文女校外景

团"。不久之后，中国共产党第一次全国代表大会在不远处的望志路106号秘密召开，这中间有什么联系？看似普通的石库门老房子，在中共一大召开过程中起着怎样的作用？这还要从中共一大会议的筹备说起。

1920年12月，赴广州担任广东省教育委员会委员长的陈独秀，把党内事务交李汉俊代理。而在接下来的3个多月时间里，李汉俊因党务经费、组织原则等问题与陈独秀发生尖锐冲突，继而愤然辞职，将党的文件与名册交给了李达。所以自1921年2月至7月，李达实际上担负着中共一大的发起与组织工作，而他的夫人王会悟受其委托，承担了安排外地代表住宿的任务。考虑到代表们来自各地，必须有个安全的住宿膳食处，王会悟思索再三，想到了距望志路106号不过200多米的博文女校，这不仅因为她本人在当时已经参加了上海女界联合会，与黄兴夫人徐宗汉、博文女校校长黄绍兰等熟识，借用教室方便，更重要的是一大会议召开时学校正值暑假，

青年时期的王会悟

校内无旁人，既安静又安全，适合代表们短暂借住。主意已定，王会悟便登门拜访了黄绍兰校长，以"北大师生暑期旅行团"来上海，需要借教室开学术讨论会的名义，商量借房一事。果然，此事一谈就妥。随后，王会悟实地察看了这幢坐南朝北、内外两进的校舍，并租下了沿街一幢楼上的3间屋子。同时，出于对一大代表人身安全及会议保密性的考虑，王会悟又向黄绍兰提出，"旅行团"成员大都是贫寒书生，希望校方能够指派一位厨役留守，一来可以节省师生们的开支，二来为这些初来乍到的外地师生提供一些安全保障。为了进一步融洽租借双方的关系，确保房屋不再另租他人，"讲明仅住一个月，却很慷慨地付了三个月的

房租"。黄绍兰爽快地答应了，随即指派了一名校工为他们做饭兼看门，还再三叮嘱校工，未经许可不许外人进入学校。就这样，1921年7月的暑假，因师生离校而显得格外安静的博文女校校园，迎来了一群说话口音南腔北调的访客，他们正是出席中国共产党第一次全国代表大会的各地代表。

上海的7月，酷热难耐，就是在博文女校这幢典型的老式石库门建筑里，出席中共一大会议的代表们商讨了大会的任务和议程，报告本地区党、团组织的活动情况。根据与会代表陈潭秋、包惠僧、周佛海和共产国际代表马林的回忆，7月22日下午，在东侧北半间举行预备会议，推举张国焘为会议主席，毛泽东、周佛海为记录，商讨并通过大会议程和开会地点。7月30日，代表

中共一大代表临时住所

们在树德里李公馆召开中共一大第六次会议时，会场受到法租界巡捕的搜查，最后一次会议被迫转移至浙江嘉兴南湖继续进行。自此，借住在白尔路389号的"北大师生暑期旅行团"一行便悄然离开。在日后漫长而艰苦卓绝的革命斗争中，与会的13名代表走上了各自迥异的人生道路。

探索小百科

博文女校的历史

1933年，博文女校停办，遂改为居民住房，楼下曾开过商店。1951年8月，上海市人民政府将此房购置下来，居民迁出后，按原样修复。1953年2月，上海革命历史纪念馆对博文女校旧址内部布置进行调查。1954年，包惠僧勘察博文女校旧址。1956年2月，董必武参观博文女校旧址并作了回忆。1955年2月，中央指示博文女校旧址停止对外开放。1959年5月26日，博文女校旧址被公布为上海市文物保护单位。博文女校旧址历经1967年、1987年两次修缮，由中共一大纪念馆负责保护管理。

（黄艳　助理馆员）

聚焦这一刻
望志路上的"李公馆"

上海这么大,在哪开会最安全?

20世纪20年代初,上海租界当局及军阀政府严禁一切进步和革命的活动,更不允许建立与苏俄有关系的共产党组织。因而中共一大只能秘密召开,但这么重要的会议地点该选在哪儿?

几经考虑,他们最终决定在望志路上的一个寓所里召开会议。

中共一大会址原系著名爱国民主人士、新中国首任农业部长李书城的寓所,人称李公馆。中共一大代表李汉俊是李书城的胞弟。

李书城1882年出生于湖北潜江,比同胞兄弟李汉俊大8岁。李书城1902年赴日本留学,与黄兴是同学,后追随孙中山,参与组织同盟会。1911年10月武昌首义时,李书城被任命为民军战时总司令部参谋长,协助黄兴制定作战计划,指挥战斗。1913年后,李书城任"湖北护国军"总司令,积极参加孙中山领导的护国、护法斗争。

当时上海已经吸引了一批政治、文化精英会聚。而在上海的公共租界、法租界和华界中，以法租界的氛围相对宽松。李书城在法租界白尔路三益里17号（今济南路168弄翠湖天地雅苑内，原建筑已不存）租了一幢三楼三底的房子，把家人安顿下来。护法运动失败后，李书城回到上海公馆，在苦闷与彷徨中闭门读书，欲从中寻找中国革命之出路。此时，他的胞弟李汉俊从日本留学回到上海，住进公馆。留日期间，李汉俊受日本著名马克思主义经济学家河上肇的影响，接受马克思主义，成为当时中国最精通马克思主义理论的革命者之一。

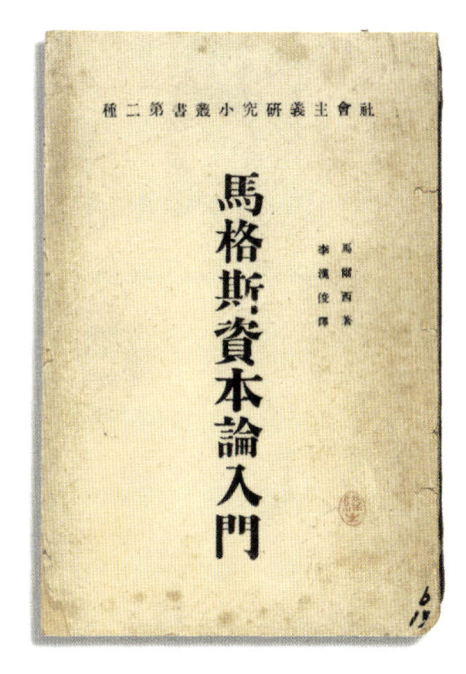

李汉俊翻译的《马格斯资本论入门》

沪上重逢，兄弟俩促膝而谈。李书城谈及护国、护法运动连连受挫，感到革命前景渺茫。李汉俊则向哥哥介绍了马克思主义、社会主义，说这是中国革命的一条新路，俄国人那里已经获得成功。这使李书城的思想为之一振。像他这种信奉三民主义的国民党人，对"社会主义"本来就不排斥，从弟弟的言谈中他看到了新的希望。

李汉俊传播马克思主义，建立组织推动革命，需要一个稳定

1920年，李汉俊、李书城、薛文淑（后排左二、三、四）与母亲及孩子们在上海

的活动场所。李书城决定利用自己在国民党内和北洋政府内的政治声望，以及居住法租界较为安全的条件，为李汉俊的革命活动提供帮助和庇护。

　　李书城为官清廉，并没有多少积蓄，但他对李汉俊的革命活动给予慷慨资助，李书城的妻子薛文淑还不惜变卖家中收藏的字画，充作李汉俊的活动经费。为了节省开支，1920年夏，李书城退掉了三益里的大房子，搬到租金便宜许多的望志路106号。房子是上海当时最流行的石库门建筑，为了方便居住，李书城把相邻两幢房子的隔墙打通，成为两楼两底的住所。

李汉俊对新的"李公馆"甚为满意，因为这里远离闹市，环境幽僻，附近还有不少菜地，适宜做秘密活动。在李书城的全力支持下，望志路上的李公馆，成了李汉俊开展革命活动的地方，也顺理成章地成为中国共产党早期组织在上海的活动地点之一。

1921年年初，湖北人民不堪忍受北洋军阀王占元的残酷统治，掀起了驱王自治运动，公推李书城为运动领导人，邀请他回湖北主事。李书城返鄂后不久，李汉俊便以李公馆为大本营，开始了紧锣密鼓的建党工作。

早在1920年6月，陈独秀同李汉俊、施存统、陈公培等人发起成立中国共产党早期组织。陈独秀与李大钊商议决定，新成立的组织以"共产党"命名。两个月后，上海共产党早期组织定名为"中国共产党"。这是中国第一个共产党早期组织，起到了中国共产党发起组的作用。之后，陈独秀去广州任职，委托李汉俊负责上海党组织的工作。

1921年6月，共产国际代表马林、尼克尔斯基抵达上海，与李汉俊、李达在李公馆秘密会面，建议尽快召开全国代表大会，成立全国统一的共产党。李汉俊、李达即与陈独秀、李大钊通信商定，在上海召开中国共产党第一次全国代表大会。

当时，上海租界当局及军阀政府严禁一切进步和革命的活动，更不允许建立与苏俄有关系的共产党组织。李汉俊与李达经过反复商量，决定就在李公馆召开中共一大会议。一来李书城作为民国元老的显赫声望具有很好的掩护作用；二来这里是法租界，周围环境比较僻静，有利于会议安全召开。6月上旬，李汉俊、李达发出了寄往北京、长沙、武汉、广州、济南以及日本留学生组织的信函，通知各派两名代表来上海，参加中国共产党第一次全国代表大会。

在家人的协助下，李汉俊将李公馆一楼的餐厅兼客厅布置成中共一大的会场。7月23日晚，口音不同、衣着各异的13名代表怀着对共产主义事业的憧憬，陆续从树德里后门走进李公馆。他们是上海的李汉俊、李达，北京的张国焘、刘仁静，长沙的毛泽东、何叔衡，武汉的董必武、陈潭秋，济南的王尽美、邓恩铭，广州的陈公博，留日的周佛海，以及陈独秀委派的特别代表包惠僧。共产国际代表马林和尼克尔斯基也参加了会议。他们在一间不到18平方米大小的房间里围坐在一起，见证了一件"开天辟地的大事变"——成立中国共产党。

1950年9月，中共上海市委根据中央的指示，成立专门工作小组寻访中共一大会址。经多方勘查以及李达、包惠僧和李书城夫人薛文淑等多位历史当事人、见证人现场踏勘，确认兴业路76号（原望志路106号）为中共一大会址。1951年5月，原址照片送到中央，毛泽东、董必武证实中共一大会议是在李书城家中举行。1952年9月，兴业路76号、78号两幢房子修复完毕，中共一大会址对外开放。

探索小百科

什么是石库门？

石库门是一种融汇了西方文化和中国传统的近代建筑，是近代上海最有代表性的居民住宅。

上海的旧里弄一般是石库门建筑，它起源于太平天国时期。当时，连年的战乱迫使江浙一带的富商、地主、官绅纷纷举家涌入上海租界寻求庇护，租界的房产商乘机大量修建住宅。至20世纪二三十年代，围合仍是上海住宅的主要特征，但不再讲究雕刻，而是追求简约，多进改为单进，中西合璧的石库门住宅应运而生。这种建筑大量吸收了江南地区民居的式样，以石头做门框，以乌漆实心厚木做门扇，因此得名"石库门"。石库门房子一般每幢一楼一底，独门出入，黑漆大门，黄铜门环，米色石条门框，门楣上装饰着浮雕，外墙是清水砖砌，镶嵌红砖。

（朱蓓靓　馆员）

惊险这一幕
不速之客闯入会场

静悄悄的弄堂里上演惊险一幕

"你找谁？"

"我找社联的王主席。"

"这儿哪有社联？哪有什么王主席？"

"对不起，我找错了地方。"

这段对话发生在1921年7月30日晚上。当时望志路的一个公寓里正在举行中共一大的第六次会议，却突然闯进来一个穿灰布长衫的不速之客。他是谁？他来找谁？他又是怎么找到这里的呢？

在这些疑问解开之前，我们不妨先交代一下这个突然闯入会场的陌生人所引发的一系列连锁反应吧。

这个陌生人闯入的石库门民居，正是中国共产党第一次全国代表大会会场所在地——李汉俊和他哥哥李书城的寓所。当天正在举行的是大会的第六次会议，原定议题是通过党的纲领和决议，选举中央领导机构。

中国共产党第一次全国代表大会会场

陌生人的闯入引起正在开会的共产国际代表马林的警觉，与李汉俊简短交流后，他立即提出建议："一定是包打听！会议立即停止，大家迅速离开！"随后大家分散撤离了李公馆。果然，十几分钟后，法租界巡捕就包围了会场。在与留守人员李汉俊和陈公博两人的一番答辩中，巡捕们空手而归。当晚 12 时左右，多数代表集中在老渔阳里 2 号《新青年》编辑部，商讨大会下一步该如何进行。商议的结果是大家都认为会议已不能在上海继续开了。

最终，在李达夫人王会悟的提议下，会议转移到了浙江嘉兴南湖的一艘游船上继续举行。

一个突然闯入会场的不速之客，竟然改变了中共一大的会议进程，出现的时机如此敏感，这不由得更加深了此人的神秘感。特别是会议的当事人后来在各自回忆中留下了对此人颇有意思的"第一印象"：包惠僧回忆他"穿灰色竹布长褂"；李达说是"不速之客"；张国焘说是"陌生人"；陈公博说是"面目可疑的人"；刘仁静说是"突然有一个人"；陈潭秋说是"一个獐头鼠目的穿长衫的人"。那么这个集众多"标签"于一身的人，到底是谁呢？在新中国成立后，许多专家和学者对此人的来历和身份进行了详细的考证。得出的结果如下：此人姓程，名子卿，人称"程老三"，又因为他的皮肤黝黑，绰号"黑皮子卿"，属青帮的"悟"字辈人物，江苏镇江人。在 1900 年前后，程子卿从镇江到上海谋生，在十六铺码头做搬运工，在那里结识了上海帮会头子黄金荣，结拜为兄弟。1905 年，经黄金荣介绍，程子卿进入法租界巡捕房当了巡捕。一个连法语都不会讲的人，怎么会进入法租界巡捕房呢？原来，在米店里不断地拎米包，他练就了过人的臂力，而这正是巡捕捕人时所需的"基本功"。经过一番"摸爬滚打"后，程子卿升为刑事科的政治组探长，随着法租界政治性事件不断增多，这个政治组后来又扩大为政治部，自此他就成为了政治部的主任。

据一位 20 世纪二三十年代曾在上海法租界工作的老人回忆，他的上司程子卿曾与他讲起法租界巡捕房在 1921 年搜查李公馆的情况。程子卿跟他说，当时只知道一个外国的共产党人在那里召集会议。如此一来，便更加肯定了一个事实，原来闯入李公馆的"包打听"便是程子卿。

党史小博士

谁引来了法租界密探？

法租界密探是如何找到中共一大开会的地点呢？原来，共产国际代表马林曾在奥地利维也纳被捕过，获释后，便成了各国警方密切注视的目标。因此，他动身前往中国时一路上便得到了特殊的"关照"。马林到上海之后，他的所有行踪都被密探们记录在案。7 月 23 日晚，当马林来到李公馆出席中共一大会议时，李公馆便引起了密探们的注意。也正因为这样，当 7 月 30 日马林再度来到李公馆参加会议时，密探程子卿，这个不请自来的陌生人，就闯入了中共一大会场。

（马玮佳　馆员）

应变这一步
中共一大最后一次会议为何改到南湖游船上举行

南湖上的红船

前文说道,1921年7月30日晚,中国共产党第一次全国代表大会正在进行时,突然遭到法租界巡捕房的搜查,会议被迫中止。代表们不得不从上海转移到浙江嘉兴南湖的一条游船上继续开会。那么,当时代表们为什么会选嘉兴南湖作为最后一次会议的地点,而不是别的地方呢?让我们一起来了解一下吧。

其实转移中共一大会议会场,代表们首先想到的是杭州,因为不少代表都去过杭州。到杭州可以租一条游船,边游西湖边开会,而且乘坐沪杭铁路的火车也比较方便。但是,大家担心西湖人多眼杂,会很不安全,而且到杭州费时太长。根据当时的火车时刻表,乘坐早上7时35分的火车,到杭州已经下午1点多钟,不能在一天结束会议。因此,大家放弃了到杭州西湖续会的想法。

就在此时,上海代表李达的夫人王会悟提出去嘉兴南湖的建

南湖纪念游船外景

议。南湖位于嘉兴城南,距沪杭铁路嘉兴站不远,湖上游船可以包租。以游湖为名,在船上开会,确实比较隐蔽、安全。况且嘉兴距离上海不过百余公里,乘坐早上的火车,上午10时25分就能到嘉兴,可以有将近一天的时间来完成会议的议程。王会悟是浙江桐乡县人,曾就读于嘉兴师范学校,对南湖的情况比较熟悉,再加上她是中共一大代表李达的夫人,于是,她的建议很快被代表们一致通过。王会悟事后回忆说:"离我们桐乡不远的嘉兴有个南湖,游人少,好隐蔽,就建议到南湖去包一个画舫,在湖中开会。李达去与代表们商量,大家都同意了这个意见。"这就是为什么要到浙江嘉兴南湖来继续开会的原因。

据中共一大代表们的回忆,那是一条单夹弄丝网船。中舱放着一个方桌,桌上摆设茶具,前舱搭有凉棚,后舱设有床榻,船尾置有菜橱、炉灶等物。船后系一小船,为当时进城购物所用。当天天阴,间有小雨。湖面上有四五条游船,代表们叫船主把船撑到比较僻静的水域,用篙撑住,王会悟坐在船头望风。开会时,代表们还特意将带来的麻将牌倒在桌上,以掩人耳目。下午,小游船逐渐增多,湖上到处是留声机唱京戏的声音,酒龙诗虎,呼卢喝雉,一派喧闹。下午5点左右,湖上出现了一条小汽艇,代表们以为是政府巡逻艇,就暂时停会,当得知这是私人游艇,会议又照常进行。中共一大最后一次会议通过了《中国共产党第一个纲领》和《中国共产党第一个决议》,选举产生了中央局。

中共一大会议在上海法租界望志路106号秘密召开,在嘉兴南湖游船上顺利闭幕。南湖游船在时代的恶浪中顽强起航，平凡，却负载着中华民族的命运；简陋，却诞生出一个先进的政党——中国共产党。中国革命的面貌从此焕然一新！

探索小百科

嘉兴南湖的红船

现在嘉兴南湖的那艘船还是当初开会用的船吗？其实现在供观众参观的南湖游船是1959年时任嘉兴造船厂副厂长的萧海根仿造的。1921年前后，南湖游船有许多种，比如摆渡船、小游船、丝网船等，而中共一大代表包租的就是雕饰精美的丝网船。那么，丝网船到底是怎么构造的呢？当年制作南湖游船的船匠，大多是从无锡来的，所以仿造的时候，嘉兴方面还请了徐步臬等无锡造船业的能工巧匠来指导。因为红船具有纪念意义，整个用料要求比较高。船内的屏风、气楼的雕刻图案，如花卉和戏曲人物等表现得栩栩如生。萧海根回忆说："整只船的横梁、吊底、戤旁、船底用的都是杉木。我们克服了许多困难，下定决心，不怕牺牲，排除万难，去争取胜利。就这样，造船工人每天做到凌晨两三点钟，造船时，我们都没有空的，整日整夜地做，轮班，当时都是自觉的。"靠着这股干劲，红船终于在1959年国庆前夕胜利完工。

（孙量　馆员）

惊喜这一"见"
海外惊现中共第一个纲领和决议

失踪的中共一大会议文件

《中国共产党第一个纲领》和《中国共产党第一个决议》是中国共产党第一次全国代表大会上通过的重要历史文献。中国共产党成立后不久，上海的中央机关就遭到了外国巡捕房的破坏，党中央收藏的中共一大的档案下落不明，中共一大这段珍贵的历史一度成谜。

《中国共产党第一个纲领》和《中国共产党第一个决议》（分别简称《纲领》和《决议》）是中共一大会议通过的重要文件。1923年，上海的中央机关遭到了外国巡捕房的破坏，大量的档案资料随之遗失。董必武回忆称，"一大没有任何文件，共产国际保存的中国共产党成立时的两个文件没有名字，没有年月日。这样的状况，是什么原因呢？原因有两个：一个原因是，一大时共产国际派的代表是马林，他把当时的文件都带走了，没有交给共产国际。另一个原因是,一大以后好久没有中央,文件没有人管,那时也不知道有中央。有些事情缺乏文字根据。"

中共一大文件的遗失,使得中共一大历史一度成谜。1956年12月,苏联共产党把"共产国际中共代表团档案"移交给中共中央。其中,就有俄文版《中国共产党第一个纲领》和《中国共产党第一个决议》。中共中央将档案接收回国,随即组织懂俄文的专业人员进行翻译。我们现在所见到的这两个文件,就是"共产国际中共代表团档案"中的俄文译件。这样,《纲领》和《决议》终于得以与世人见面。

《纲领》实际上类似党章。《纲领》共有15个条款,其中第十一条缺失而不为人所知。《纲领》确定党的名称为"中国共

中国共产党第一个纲领

一、本党定名为"中国共产党"。
二、本党的纲领如下:
　　(1) 革命军队必须与无产阶级一起推翻资本家阶级的政权,必须支援工人阶级,直到社会阶级区分消除的时候;
　　(2) 承认无产阶级专政,直到阶级斗争结束,即直到消灭社会的阶级区分;
　　(3) 消灭资本家私有制,没收机器、土地、厂房和半成品等生产资料,归社会公有;
　　(4) 联合第三国际。
三、本党承认苏维埃管理制度,把工人、农民和士兵组织起来,并承认党的根本政治目的是实行社会革命;中国共产党彻底断绝与黄色的知识分子阶级以及其他类似党派的一切联系。
四、凡承认本党党纲和政策,并愿成为忠实的党员者,经党员一人介绍,不分性别,不分国籍,均可接收为党员,成为我们的同志。但是在加入我们的队伍以前,必须与那些与我党纲领背道而驰的党派和集团断绝一切联系。
五、接收新党员的手续如下:候补党员必须接受其所在地的委员会的考察,考察期限至少为两个月。考察期满后,经多数党员同意,始得为正式党员,如果该地区有执行委员会,应服从执行委员会批准。
六、在党处于秘密状态时,党的重要主张和党员身份应保守秘密。
七、凡有党员五人以上的地方,应成立委员会。
八、委员会的成员经当地委员会书记介绍,可转到另一个地方的委员会。
九、凡是党员不超过十人的地方委员会,应设书记一人;超过十人的应设财务委员、组织委员和宣传委员各一人;超过三十人的,应从委员会的委员中选出一个执行委员会。执行委员会的章程另订。
十、工人、农民、士兵和学生的地方组织中党员人数很多时,可派他们到其他地区去工作,但是一定要受地方执行委员会的最严格的监督。
(十一、遗漏——译者)
十二、地方委员会的财务、活动和政策,应受中央执行委员会的监督。
十三、委员会的党员人数超过五百,或同一地方有五个委员会时,应成立执行委员会,全国代表会议应委派十人参加该执行委员会。如果上述要求不能实现,应成立临时中央执行委员会。关于执行委员会的工作和细则另订。
十四、党员除非得入法律,不经党的特许,不得担任政府官员或国会议员。士兵、警察和职员不受此限(这一条在一九二二年第二次代表大会上曾引起激烈争论)。
十五、本纲领经全国代表大会三分之二代表同意,始得修改。

——《中共中央文件选集》(第一册)

《中国共产党第一个纲领》

产党"；第二条"本党的纲领"：革命军队必须与无产阶级一起推翻资本家阶级的政权，必须支援工人阶级，直到社会阶级区分消除的时候；承认无产阶级专政，直到阶级斗争结束，即直到消灭社会的阶级区分；消灭资本家私有制，没收机器、土地、厂房和半成品等生产资料，归社会公有；联合第三国际。《纲领》前两条相当于以后党章的"总纲"。《纲领》的其余内容还包含属于党章性质的一些条文：关于党员条件，规定凡承认本党党纲和政策，并愿成为忠实的党员者，经党员一人介绍，均可接收为党员，但在入党前必须与那些反对本纲领的党派和集团断绝一切联系。新党员入党后为候补党员，接受党组织的考察，考察期满经多数党员讨论和党组织批准，才能转为正式党员。《纲领》还规定，在全党建立统一的组织和严格的纪律；地方组织必须接受中央的监督和指导；在党处于秘密状态时，党的重要主张和党员身份应保守秘密。

值得注意的是，《纲领》存在一个使人疑惑的问题。《纲领》第十四条规定："党员除非迫于法律，不经党的特许，不得担任政府官员或国会议员。士兵、警察和职员不受此限。"后来多位中共一大代表对此作了回忆，这条在讨论中曾引起争议。而使人疑惑之处也在于此，俄文版《纲领》在这条下面有个注释："这一条在一九二二年第二次代表大会上曾引起激烈争论。"这个注释不禁让人起疑：1921年的会议文件怎会知道发生在1922年会议上的争论？难道这个文件并非一大会议制定的文件，抑或是俄文译者自己加上去的？

1979年，来自美国的一则信息将谜团澄清了。原来在1960年，纽约哥伦比亚大学的中国史教授韦慕庭发现了中共一大代表陈公博1924年1月在哥伦比亚大学留学时撰写的硕士论文《共产主义运动在中国》，论文的6篇英文附录中出现了《中国共产党第一个纲领》和《中国共产党第一个决议》。经对照，英文版与俄文版内容基本相同，同样缺失了第十一条。而第十四条后也有一个注释："此条款引起激烈争论，最后留待1922年第二次会议再作决定。"真相原来如此，俄文译者将"留待……再作决定"漏掉了。

《纲领》虽然不是正式的党章，但包含了党章的内容，规定了党的名称、性质、任务、纲领、组织和纪律，基本上确立了中国共产党的立党宗旨，具有党章的初步体例，实际上起到了党章的作用，为后来党章的制定和完善奠定了基础。

会议还通过了《中国共产党第一个决议》（《关于当前实际工作的决议》）。中国共产党从成立之日起，即把工人运动作为党的核心问题，《决议》就是中国共产党指导工人运动的纲领性文件。《决议》主要讨论了开展工人运动的各种问题，规定了组织工人工作和党的工作的原则，明确了党在领导工人运动中的方针、任务、政策、方法和要求。《决议》强调，中国共产党成立后的中心任务，是组织工人阶级，领导工人运动，成立产业工会或工厂工会。《决议》指出，要加强派出党员到工会去工作，"勿使工会成为其他党派手中的玩物"，"勿使工会执行其他的政治

《中国共产党第一个决议》

路线",注意在工人和其他劳动人民中发展党员。《决议》还要求迅速组织工人学校,开办学校的基本方针是提高工人的觉悟,使他们认识到成立工会的必要性,使学校逐渐变成工人政党的中心机构。《决议》还提出了党的宣传工作的任务,要求出版更多的普及读物,加强对宣传机构的领导。在《决议》的指导下,中国共产党成立后的全国工人运动得到了迅速的发展。

《中国共产党第一个纲领》和《中国共产党第一个决议》的通过充分表明,中国共产党自诞生之日起就开始了自身建设的实践活动,从此在中国出现了新型的、以共产主义为目标、以马克思列宁主义为行动指南的、统一的中国工人阶级政党,这必然预示着中国革命面貌的焕然一新。

党史小博士

失而复得的中共一大会议文件

1956年12月,苏共中央把原中共驻共产国际代表团的档案移交给中共中央。时任中共中央办公厅主任的杨尚昆派人到莫斯科接收了这批共计18箱的文件,其中就有俄文版的《中国共产党第一个纲领》。这份俄文档案是什么时间由中文翻译成俄文的,又是由谁在什么时间带到共产国际的,目前都无从考证。中央档案馆筹备处曾将此件和《中国共产党第一个决议》及《中国共产党第一次代表大会》一并送请董必武帮助鉴别。董必武在1959年9月5日的复信中说:"我看了你们送来的《党史资料汇报》第六号、第十号所载:'中国共产党第一次代表大会'、'中国共产党第一个决议'及'中国共产党第一个纲领',这三个文件虽然是由俄文翻译出来的,在未发现中文文字记载以前,我认为是比较可靠的材料。"

(陈艺伟 助理馆员)

抱憾这一事
悬而未决的中共一大会议闭幕日期

中共一大会议闭幕的未解之谜

1921年7月23日,中国共产党第一次全国代表大会在上海召开。会议开到7月30日,因受到法租界巡捕房的干扰,最后一天转移到嘉兴南湖的一艘游船上举行。那么中共一大会议到底是在哪一天闭幕的呢?

中共一大会议哪天闭幕这个问题一直悬而未决,未有定论。目前为止,学者们对于闭幕日期的观点主要集中在7月31日、8月1日、8月2日、8月3日、8月4日以及8月5日这六种说法。

一说"7月31日"。

这一说法的主要依据来自一大代表周佛海、包惠僧和董必武的回忆。1942年,周佛海在一篇文章中回忆,在会议被法租界密探干扰的当天晚上,代表们商量决定,第二天一早赶赴嘉兴。包惠僧分别在1953年和1978年回忆道:"……当夜我们到李达家里会谈。大家的意见，明天的会要改地方，即决定以游览的姿态到嘉兴南湖找一只大船，尽一日之辰来结束这个会。次日早车我们都到了嘉兴南湖……"董必武在1971年的回忆文章中写道："国际代表马林走进去时有人就跟着进去了。第二天会议就改在嘉兴南湖继续开。是由李达的老婆王会悟租了两只船开的。"

由这三位代表的回忆推断：中共一大最后一天的会议是在7月30日的第二天，即7月31日在嘉兴南湖进行的。

二说"8月1日"。

这个说法的主要依据来自一大代表董必武和张国焘的回忆。1929年12月31日，董必武在给另一位一大代表何叔衡的信中提到："开到最后一次会的时候，忽被侦探所知……隔了一日，我们到嘉兴东湖（应为南湖）船上，将会开完。"1971年，张国焘

1921年8月3日及8月4日的《申报》上，关于嘉兴天气的报道。

在《我的回忆》中提到，意外事件（即密探干扰会场）发生后，参加会议的代表们商定第二天停会。王会悟非常热心地表示可以去她的家乡嘉兴开会。代表们都很赞成，于是通知各代表在停会的第二天一早搭车去嘉兴。

除了这两位代表的回忆，支持这一说法的另一个重要的理由是，很多代表都回忆开会的那天嘉兴天阴有雨，而根据《申报》的记载，1921 年 7 月至 8 月初，嘉兴地区一直酷热异常，只有 8 月 1 日这天因为台风侵袭，天气阴雨。

三说"8 月 2 日"。

这一说法的主要依据来自王会悟的回忆。她在几次回忆中都坚持"隔两天"赴南湖开会的说法，并作了较详细的叙述，如："'一大'会议在上海开了两天，因为有情况被迫休会，两天以后才决定到嘉兴南湖船上去开"；"到嘉兴时已八点多钟……代表们到船上开会已快十一点钟了，约开了一个钟头，即在船上吃午饭"；"到六点多钟，我们就离开南湖准备回上海了"。

学者们认为，王会悟虽然不是中共一大代表，但是作为具体安排会议地点的人，对此事的回忆应该比其他人更为可信，从而得出"8 月 2 日很可能是结束一大的正确日期"这一结论。

四说"8 月 3 日"。

部分学者借助不同中共一大代表的回忆，以排除法否定了其他各种闭幕日期的可能性，将焦点集中在 8 月 2 日和 8 月 3 日上。随后，通过比较法重点列举陈公博和王会悟的回忆加以分析，得出"中共一大会议的闭幕时间应该是 8 月 3 日"的结论。另外，还以当时的天气为论据提出：假如会议果真在 8 月 1 日或 2 日在嘉兴南湖举行，那么应该有某位代表记得并谈到这次灾害，但是有人记得南湖会议持续到晚上，却没有任何人谈及这场暴风灾害。这意味着，南湖会议并不是 8 月 1 日或 2 日召开的，8 月 3 日的说法似乎更可信一些。

五说"8 月 4 日"。

持这一说法的学者们参考了中共一大代表李达在 1955 年的回忆文章，其中说到南湖会议是在中共一大会议遭到法租界巡捕搜查的 5 天之后，即 8 月 4 日。根据王会悟回忆的"两天以后才决定到嘉兴南湖船上去开"这句话来推算：8 月 2 日决定，8 月 3 日王会悟先去布置，4 日开南湖会议，也可以互相印证。可是，王会悟所说的"两天以后才决定"，到底是作了决定之后第二天马上去南湖，还是作了决定之后又筹措了几天才出发的呢？同一句话对于持不同观点的学者来说，有完全不同的解释，于是得出的结论也不尽相同。

六说"8 月 5 日"。

这一说法的主要依据是赤色职工国际远东负责人斯穆尔基斯 1921 年 10 月 13 日向莫斯科的报告，称"7 月 23 日至 8 月 5 日，在上海举行了中国共产党的代表大会"。这封信不仅明确提出中共一大起止日期，对中共一大代表人数、代表的党员人数和会议上产生的党的组织机构等问题，也均有比较接近事实的记叙。由于党的一大是在秘密的情况下召开的，许多文件已经散失无处寻觅了，因此，斯穆尔基斯的这份报告是我们目前所见到的材料中绝无仅有的原始文字材料，具有一定的权威性，被许多持8月5日说观点的学者引为重要依据。

由于以上各种说法各有论据却也存在不少疑问，所以学者们始终无法取得一致意见。中共一大的会议闭幕日期到底是哪一天？在得出确切的答案之前，我们无法断言。但是，相信通过大家的努力，持续发掘，一定会使这个悬而未决的问题得到圆满解决。

探索小百科

赤色职工国际

赤色职工国际，又称"赤色工会国际"，是由各国革命工会参加的工会国际联合组织。1921年7月3日至19日，在莫斯科召开了革命工会第一次代表大会，正式宣告赤色职工国际的成立，参加大会的有各国工会代表220人。大会强调，赤色职工国际应保持组织上的独立性，同时与共产国际采取一致的行动，为工人阶级的利益及实现阶级斗争纲领而斗争。大会通过的赤色职工国际的章程规定，赤色职工国际的主要任务是在有组织的群众中工作，争取和教育群众，通过组织战斗的工人团体的办法把旧工会争取过来，加强国际无产阶级的力量以便同国际资产阶级相对抗。赤色职工国际的领导机关是中央理事会和理事会执行局，设在莫斯科。中国共产党领导的中华全国总工会参加了该组织，1938年2月，赤色职工国际宣布解散。

（康珏　馆员）

铭记这一页

中共一大的历史意义

开天辟地大事变

1921年7月,中国共产党第一次全国代表大会在上海和嘉兴南湖召开,宣告了中国共产党的正式成立。从此中国出现了完全新式的、以马克思主义为行动指南的、以实现社会主义和共产主义为奋斗目标的、统一的无产阶级政党。这是中国历史上开天辟地的大事变。

中国共产党诞生于20世纪20年代初的中国,并不是偶然的,而是随着深刻曲折的历史进程产生的。

现代的政党制度最初形成于西方,是西方资本主义社会民主政治的产物,但西方政党制度学说从产生到传入中国,却相隔了近200年,根本原因在于传统中国的政治环境不具备政党制度发展的条件。1840年鸦片战争后,西方列强用武力叩开了中国的大门,中国开始沦为半殖民地半封建社会。但另一方面,它也促进

中共一大会议在上海召开场景画作

了中国民族资本主义的兴起和发展，对中国吸收西方思想文化，建立一系列现代制度提供了条件，摆在中国人面前的，唯有化被动为主动这一条道路。辛亥革命胜利后，中华民国成立，民主共和的思想得到广泛传播，于是中国的资产阶级也效法西方，通过组织政党和集会结社参与政治，民国初期的中国一时进入一个"政党林立"的时代，似乎中国有望沿着西方的步伐，稳步迈入一条现代化的发展道路。

但没几年中国又陷入军阀混战的黑暗境地，大部分政党昙花一现，令每一位爱国志士迷惘苦闷。对于他们这一代人而言，许多抗争和屈辱还历历在目。自近代以来，西方列强的入侵和掠夺给中华民族带来了巨大灾难，为了挽救国家和民族的危亡，中国人民进行了英勇的抗争和艰苦的探索，一批批仁人志士前仆后继，苦苦探寻救国救民的道路。太平天国运动、洋务运动、维新变法运动、辛亥革命等，这些探索和斗争尝试一个接着一个，虽在一定程度上推动了中国社会的进步，但都未能改变中国的社会性质和人民的悲惨命运。在这样一个积贫积弱、帝国主义势力和本国封建势力盘踞的古老国家，想要实现人民自身的解放，显得尤为艰难和复杂。

任何政党本质上都是特定阶级利益的代表，更是这支阶级力量的领导者。因此它所代表的阶级基础的强弱，往往也决定了这个政党所能发挥影响的大小。比如太平天国运动，就是当时农民阶级力量的一次大爆发；辛亥革命的成功，则象征着更为先进的中国民族资产阶级登上政治舞台。可惜这些阶级领导的革命斗争都有着各自的局限性，总是无法从根本上解决中国所面临的问题，甚至仅仅只是以一种剥削取代另一种剥削，社会性质并未能发生根本的改变。事实证明，在帝国主义时代，在半殖民地半封建的中国社会，不论是农民阶级抑或中国的民族资产阶级，都未能彻底地完成革命的任务。这不仅是中国社会面临的问题，同样也是西方社会更替的顽症。而当时代的生产力发展催生出全新的无产阶级，西方也孕育出了科学的社会主义理论——马克思主义，从而逐步在世界范围内唤起一场无产阶级的共产主义运动时，一个国家的发展前途似乎开始有了新的方向。

正当以救国救民为己任的中国先进分子苦苦向西方寻求各种改造社会的方案而不断遭遇困惑和挫败时，1917年以马克思主义为指导的俄国十月革命的胜利，给中国人民带来了新的希望。当然，俄国十月革命的消息最初传入国内时，并没有立即得到国人

巴黎和会

的认同，中国的许多先进分子也持观望态度，唯有如李大钊等少数人拥有开放包容的心态，积极撰文宣传。1919年中国在巴黎和会外交上的失败，让国人从对西方资本主义国家的美好幻想中彻底苏醒，继而引发了一场以学生为先导的反帝反封建的五四运动，并很快发展成为以工人阶级为主的各阶级参与的群众运动，空前提高了国人的政治觉悟。五四运动后，研究和宣传社会主义逐渐成为进步思想界的主流，也使得马克思主义在中国得到广泛传播。从中，一批具有初步马克思主义信仰的知识分子认识到若想从根本上改造中国社会，就必须选择走俄国十月革命的道路，并像俄国人一样，建立起中国自己的无产阶级政党，融入这股当时代表人类社会前进方向的伟大革命洪流中。这时，中国共产党的诞生也就为

党史小博士

从中共一大到中共二十大

	召开地点	年份
中共一大	上海	1921
中共二大	上海	1922
中共三大	广州	1923
中共四大	上海	1925
中共五大	武汉	1927
中共六大	莫斯科	1928
中共七大	延安	1945
中共八大	北京	1956
中共九大	北京	1969
中共十大	北京	1973
中共十一大	北京	1977
中共十二大	北京	1982
中共十三大	北京	1987
中共十四大	北京	1992
中共十五大	北京	1997
中共十六大	北京	2002
中共十七大	北京	2007
中共十八大	北京	2012
中共十九大	北京	2017
中共二十大	北京	2022

中华人民共和国开国大典
中国共产党领导中国人民经过 28 年艰苦卓绝的革命斗争，于 1949 年 10 月 1 日成立了新中国

开天辟地创伟业：建党的故事

第二部分　此间曾著星星火

时不远了。

  1921年7月，中共一大会议的召开，中国共产党的正式成立，是近代中国革命历史上划时代的里程碑，是中国革命新的伟大起点。它不仅意味着中国人民的革命斗争在经过长期曲折的探索后，终于有了新的领导核心，还标志着马克思主义这个最先进的思想武器开始被科学地运用到指导中国人民的革命实践中。因此从中国共产党诞生之日起，它就充满着勃勃的生机和活力，预示着中国的光明和希望，代表了中国未来的方向。中国共产党从诞生这一刻起，就开始为根本改变中国各族人民被剥削、被压迫的状况，实现民族独立、人民解放和国家富强，为实现共产主义的远大理想，而进行不屈不挠、艰苦卓绝的斗争。此后的历程用一句话来形容，那就是"自从有了中国共产党，中国革命的面目就焕然一新了"。

（陶渊骏　馆员）

第三部分

大浪淘沙话信仰

——素描中共一大代表

1921年，13位来自不同地方、口音各不相同的中国人相聚在上海，成就了一件在中国历史上具有开天辟地意义的大事——召开中国共产党第一次全国代表大会。

他们大多是怀着探索救国救民真理、希望推动改造中国社会的青年知识分子。在之后的长期革命斗争中，有的人始终坚持马克思主义和共产主义的理想信念，最终成为久经考验的无产阶级革命家；有的人为党和人民的利益而奋斗牺牲，成为青史留名的革命烈士；有的人却经不起革命斗争的严峻考验，退却、离开，甚至走向了革命的对立面……

中共一大代表所走过的不同人生轨迹，既可警示当下，亦能启迪后人。不忘初心、信念坚定者，犹如一面旗帜、一盏明灯，深得人们的尊敬；忘记初心、背叛革命者，犹若砂石被大浪抛弃。革命的道路并不平坦，胜利将最终属于不畏艰险、勇于担当，为祖国、为民族、为人民而奋斗的人。

中共一大会议召集人

李达

中共一大的召集人

李达作为中国共产党的创始人之一，被誉为"一位普罗米修斯式的播火者"、"伟大的马克思主义启蒙大师"、我国"理论界的鲁迅"。在中国共产党创建过程中，他集宣传、联络、组织、筹备等工作于一身，是中共一大会议的召集人。

李达（1890—1966），字永锡，号鹤鸣，1890年10月2日出生于湖南零陵（今永州）的一个普通的农民家庭。1905年，15岁的李达考取了当地一所颇有名气的学堂——永州中学（今永州一中）。1909年李达中学毕业后，在父亲的支持下考入了京师优级师范学堂（今北京师范大学）。1913年，李达以第二名的成绩考取了湖南留日官费生。一年后，国内政治形势的变化使得李达等留学日本的官费取消了。而此时，李达又染上了肺病，不得不于1914年辍学回国。三年后，李达再赴日本，进入日本第一高等

上海共产党早期组织代表李达

学校学习探矿冶金,并立志"实业救国""科学救国"。可是,国内腐败的军阀势力与日本政府相勾结,大肆出卖国家主权。为了唤起国人救亡图存的觉悟,1918年5月,李达作为中华留日学生救国团的主要成员回到北京,同爱国学生一道举行反日游行示威活动。不久,李达再次返回日本。这次他放弃了原来的理科专业,专门学习和研究社会主义理论。在一年多的时间里,李达以极大的热情,在国内报刊上发表了《什么是社会主义》《社会主义的目的》《陈独秀与新思想》《女子解放论》等文章,并翻译了有关马克思主义哲学和经济学方面的著作《唯物史观解说》《社会问题总览》《马克思经济学》等。

1920年8月,李达怀抱赤诚之心"回国寻找同志干社会革命",离开日本回到上海。在陈独秀的邀请下,李达参与了中国共产党上海早期组织的筹备工作,并参与编辑《新青年》,创办《共产党》月刊。年底,陈独秀应陈炯明之邀,赴广东担任广东省教育委员会委员长,后与上海共产党早期组织代理书记李汉俊在建党的组织原则问题上发生了争论。李达为了防止因争论而发生分裂,竭力在两人之间劝说。后来,尽管李汉俊答应休战,但不愿再当代

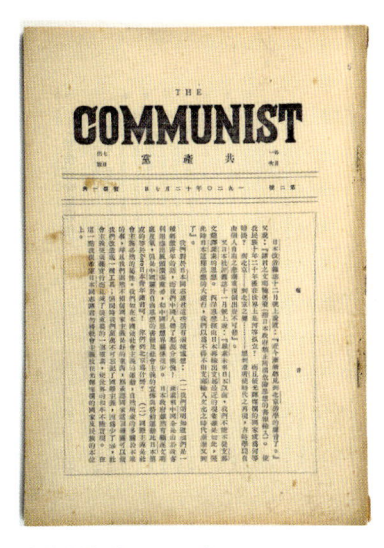

李达创办的《共产党》月刊

理书记，还把党的名册和文件统统交给李达。陈独秀不在上海，李达就担负起上海共产党早期组织代理书记的职务。

正当李达等在为早期党组织的事业忙碌的时候，共产国际代表马林和尼克尔斯基先后来到上海，与李达、李汉俊取得了联系。经过几次交谈，他们一致认为应尽快召开全国代表大会，正式成立中国共产党。李达、李汉俊同陈独秀和李大钊商议后，决定在上海召开中国共产党第一次全国代表大会。随即，他们利用书信通知北京、武汉、长沙、济南、广州和旅日的党组织，各派两名代表到上海出席会议。考虑到各地代表来上海路途遥远，经费困难，他们还从马林带来的活动经费中，给每位代表寄出 100 元路费。

会址的选定和外地代表的住宿等会务工作都是由李达负责的。开会前夕，李达为选择会场伤透脑筋。李达的夫人王会悟想到李汉俊的哥哥李书城在外地，贝勒路（今黄陂南路）树德里李公馆可以借来开会。于是她和李达将这一想法告诉了李汉俊，李汉俊也正有此考虑。鉴于王会悟对上海比较熟悉，李达将与会代表的住宿问题也交由王会悟负责。王会悟考虑到博文女校离李公馆不远，作为代表们的住宿地较为便利，而且正值暑假，学校师生均已离校。于是她便找到了博文女校校长黄绍兰。黄绍兰是湖北蕲春人，毕业于京师女子师范学堂。辛亥革命后，投笔从戎，曾在黄兴手下工作过一段时间。1916 年春，在黄炎培等教育界知名人士支持下创办了博文女校（创办时间有 1916 年、1917 年两说），并聘请黄兴夫人徐宗汉为校董事长。1919 年，王会悟经上海学联介绍,由徐宗汉安排到上海女界联合会做文秘工作。黄绍兰在听闻"北大师生暑期旅行团"要借女校住宿时,一口答应下来。因为人数不多,就只租了女校楼上的3间房。王会悟还买了几张芦席,以方便与会代表休息。在李达夫妇的精心安排下,毛泽东、何叔衡、董必武、陈潭秋、王尽美、邓恩铭、包惠僧、刘仁静和周佛海9名代表住进了博文女校。

1921年7月23日,中国共产党第一次全国代表大会在望志路106号(今兴业路76号)开幕。7月24日举行了第二次会议,李达代表上海发起组介绍了自成立以来的工作情况。会议原定7月30日结束,但当晚由于会场突遭巡捕骚扰,会议被迫中断。在李达夫人王会悟的建议下,最后一次会议转移到嘉兴南湖的一艘游船上召开。中共一大通过了《中国共产党第一个纲领》和《中国共产党第一个决议》,确定党的名称为"中国共产党",选举了由陈独秀、李达、张国焘组成的中央局。中共一大召开时,李达是上海发起组的代理书记,曾著译过大量介绍马克思主义的文章,被推选负责宣传工作。

中共一大的召开,宣告了中国共产党的正式成立。党成立后,中央局依据党的一大通过的纲领和决议,领导各地党组织迅速开展工作。李达作为宣传工作的负责人,充分发挥特长,参与创办了我党第一所培养妇女干部的学校——上海平民女校,主持建立了我党第一个地下出版机构——人民出版社,并主编《新时代》杂志,是中共早期著名的理论家和宣传家。1923年,李达因与陈独秀就国共合作问题发生激烈争论,以及"被加上了研究系的头衔"等原因而离开了党组织。此后,他长期从事理论研究和教育工作,始终坚持马克思主义的研究和宣传。1949年12月,经刘少奇介绍,毛泽东、李维汉及张庆孚等人作历史证明人,党中央批准李达重新成为中共正式党员。

党史小博士

人民出版社

人民出版社是中国共产党创设的最早的出版机构。为加强对马克思主义理论的宣传,中共中央局于1921年9月1日在上海创办人民出版社,由中央局宣传主任李达主持。社址在南成都路辅德里625号(今老成都北路7弄30号,中共二大会址),即李达寓所。李达同时兼任编辑、校对等。《新青年》杂志第9卷第5号刊载了《人民出版社通告》,阐述出版宗旨:"近年来新主义新学说盛行,研究的人渐渐多了,本社同人为供给此项要求起见,特刊行各种重要书籍,以资同志诸君之研究。"

(王长流　副研究馆员)

智斗法租界巡捕的一大代表

李汉俊

李汉俊智斗法租界巡捕

"我除了是一名教员，还兼任商务印书馆的编辑，所以，我什么书都会看，作为参考和研究用途。至于那两个外国人，他们只是北京大学的教授，跟随北大师生暑期旅行团来上海探讨学术问题，在我这里聊聊天而已。"

这一幕出现在中共一大第六次会议突遭干扰后，这位镇定自若的学者正用他过人的才智和胆识同法国巡捕进行着周旋。

而他，就是中共一大代表李汉俊。

李汉俊（1890—1927），原名书诗，又名人杰，号汉俊。1890年4月出生于湖北潜江一个清贫的教书先生家庭。其父李金山是前清秀才，在潜江县城私塾任教，育有7个孩子，长子李书麟早丧，次子李书城早年留学日本，李汉俊排行老三。

1902年，年仅12岁的李汉俊东渡日本求学。到了日本以后，李汉俊先入东京法国教会学校晓星中学就读。不久升入日本第八

上海共产党早期组织代表李汉俊

高等学校，改为清政府的官费学生，1915年7月考入东京帝国大学工科学习土木建筑。早在李汉俊赴日之前，其父李金山就训勉李书城学习军事、李汉俊学习工商业，称"各学专才以备国家用"。但黑暗的社会现实使李汉俊认识到，要富国强兵必须首先打破"如铁似茧重重层层包围"的社会环境。受新思潮的影响，他产生了要进行社会革命的朦胧思想。在东京帝国大学就读时，李汉俊结识了著名的马克思主义经济学者河上肇，在其影响下，他从"最喜欢数学"转而研究马克思主义。

李汉俊通晓日、德、英、法四国语言，十分勤奋地学习马克思原著，并用以指导解决中国的实际问题。共产国际代表马林曾说："李汉俊是中共中'最有理论修养的同志'。"1918年回国后，他以饱满的热情和旺盛的精力，从事翻译、著述和编辑工作。他创办《劳动界》，他参加编辑的《星期评论》《新青年》《共产党》成为马克思主义在中国传播初期的重要刊物，影响了包括毛泽东、刘少奇、周恩来、董必武等人在内的整整一代革命青年。

1920年5月，他和陈独秀等组织成立了上海马克思主义研究会。随后，又发起成立了上海共产党早期组织。这是中国第一个共产党早期组织，成为中国共产党的发起组和联络中心。

随着马克思主义和工人运动日益广泛的结合，各地共产党早期组织相继建立，成立全国统一的无产阶级政党的条件已经成熟。1921年6月，共产国际代表马林到达上海，立即和李汉俊、李达商议，并与陈独秀取得联系，决定召开中国共产党第一次全国代表大会，由李汉俊和李达致函各地共产党早期组织，邀请代表到上海开会。

1921年7月23日，中国共产党第一次全国代表大会在上海召开，来自各地的13位代表和2位共产国际代表齐聚法租界望志路106号（今兴业路76号）的一幢石库门小楼，共同探讨中国革命的未来。这幢小楼便是上海代表李汉俊和他哥哥李书城的寓所，而会场就在李公馆一楼的客厅里。

据代表们回忆，大会从7月23日至29日一直正常举行，但30日晚上7时许第六次会议正在进行的时候，忽然进来一个陌生面孔、穿灰布长衫的中年男子。李汉俊发现这名不速之客，问道："你找谁？"

"我找社联的王主席。"那人随口答道。

"这儿哪有社联？哪有什么王主席？"李汉俊颇为诧异。

"对不起，我找错了地方。"那人匆匆退出了房间。

共产国际代表马林凭着丰富的革命斗争经验作出判断："一定是密探，我建议会议立即停止！"

代表们接受了马林的意见，迅速撤离了会场，房子的主人李汉俊和广州代表陈公博留了下来。

当代表们离开会场十来分钟后，望志路上突然响起警车尖厉的鸣笛声，十多名法租界巡捕闯入会场进行搜查。李汉俊从容不迫地应对敌人的盘问，最终化险为夷。为避开敌人的视线，代表们分批转移到嘉兴南湖的一艘画舫上，中共一大会议最终得以胜

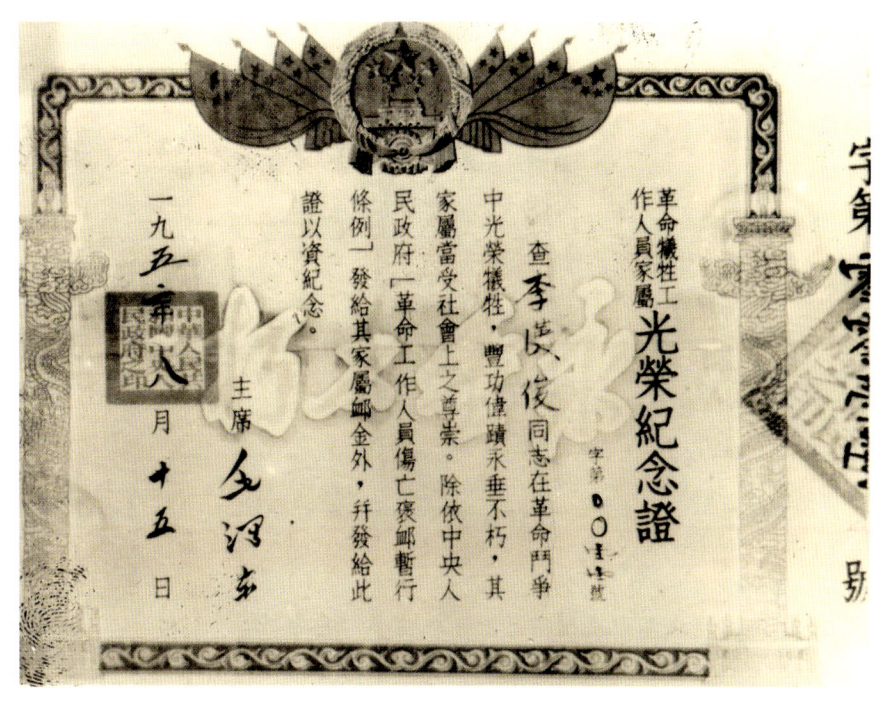

毛泽东向李汉俊家属签发的"光荣纪念证"

　　1927年7月，武汉国民党中央实行"分共"，"清洗"捕杀共产党和革命者，李汉俊被迫藏匿汉口租界。12月16日，新桂系军阀胡宗铎和陶钧派兵包围武昌中山大学，逮捕和杀戮了一批进步师生。第二天，胡宗铎勾结日本驻汉领事，以"共产党首领"和"密谋暴动"等罪名将李汉俊逮捕。当晚9时，李汉俊英勇就义。

　　1952年8月，毛泽东向李汉俊的家属签发了"李汉俊同志在革命斗争中光荣牺牲，丰功伟绩永垂不朽"的"光荣纪念证"。

利闭幕。

　　李汉俊不仅将自家的寓所作为中共一大的会场，危急时刻更是不顾个人安危，智斗法租界巡捕，保证了代表们的安全撤离，为中共一大的胜利召开作出了重要的贡献。

（何博恒　助理馆员）

从晚清秀才到一大代表

董必武

九十初度

> 九十光阴瞬息过,吾生多难感蹉跎。
> 五朝敝政皆亲历,一代新规要渐磨。
> 彻底革心兼革面,随人治岭与治河。
> 遵从马列无不胜,深信前途会伐柯。

这首诗,写于1975年3月5日——这天是董必武90虚岁生日。董必武是武汉共产党早期组织代表,一大后担任中共武汉区执行委员会组织委员,为中共的创建和中华民族的伟大复兴作出了不朽的贡献。

在创建中国共产党的一大代表中,有一位后来被称为党内"五老"之一的董必武(1886—1975)。他对中国革命道路的认识过程,经历了从最初选择支持孙中山的三民主义,到选择共产主义、走无产阶级革命道路的历程,最终找到了解救中华民族的正确道路。

董必武是湖北省黄安(今红安)人。他的父亲是清朝秀才,

武汉共产党早期组织代表董必武

以教书为业。母亲蔡氏，善良贤惠，在家操持家务、纺线织布。董必武在家中排行第三，有两姐一弟。董必武家境虽贫，但从曾祖父起，皆秉持刚正朴勤的家风，深得当地乡邻信赖。董必武5岁时就开始到父亲执教的县城学塾读书。此后一直到十三四岁，虽始终跟随父亲不断迁徙流动，却并未影响他的好学精神。1903年5、6月，董必武先后参加黄安县、黄州府科举考试，均榜上有名，最后考中秀才。

1905年10月，董必武进入武昌文普通中学堂学习。这个学校当时是革命党人活动的重要阵地之一，宋教仁、田桐、查光佛等都是该校学生。董必武与他们来往密切，虽未加入秘密的革命团体，却赞成他们的主张，同情并参加了他们的一些活动。董必武经常去美国教会圣公会附设的阅报室——日知会，思考研究当时纷纭的革命主张。在原革命团体——科学补习所负责人刘静庵的影响下，董必武反对清朝专制统治的民主主义思想逐步发展起来。恰在此时，孙中山在日本成立了同盟会，明确提出"驱除鞑虏，恢复中华，创立民国，平均地权"的资产阶级革命纲领。同盟会的湖北分会以日知会为活动场所。不久，同盟会机关报《民报》在日本创刊，以孙中山、章太炎为代表的革命派同以康有为、梁启超为代表的改良派，在《民报》上展开激烈的论战。董必武认真研究了两派的纲领和主张，认为康、梁的主张虽有其进步的地方，但终究冲不出清朝帝制统治的范围；而孙中山主张采取的革命手段，不仅要推翻清朝统治，而且要还政于民，建立民主共和国，这是适乎世界潮流的先进纲领。于是他毅然接受了革命的民主主义思想。

1911年10月10日，孙中山领导下的革命党人在武昌发动起义。正在黄州中学教书的董必武兴高采烈地赶赴武昌，参加了武昌革命军政府，后又加入中国革命同盟会（亦为中国同盟会）。1912年1月1日，孙中山在南京成立中华民国临时政府，结束了两千多年的封建帝制，后颁布《中华民国临时约法》。董必武为辛亥革命的胜利感到由衷的高兴，认为自此中国大有希望。但时过不久，他发现革命烈士用鲜血夺得的政权，很快落到以袁世凯为首的北洋军阀手中。董必武和武昌军政府中的大多数革命党人一样，受到打击排挤。清王朝的垮台，并未带来民族的振兴，中国仍然处于帝国主义和封建军阀的统治之下，人民仍在水深火热之中，董必武不禁对辛亥革命所取得的成果大失所望。他认为革命需要有新的目标，要培养懂得革命的新人才，要组织新的革命队伍。但这些如何实现？他还无法回答，于是决定到国外去学习新知识，寻求新的革命道路。

1914年1月，董必武东渡日本，在东京私立日本大学攻读法律。此时，孙中山正在日本重组中华革命党，但仅有数百人，董必武毅然加入其中。他与孙中山见面，认同其继续实行三民主义的革命。1915年6月，董必武曾潜回原籍组织反袁起义却被捕入狱，袁世凯死后才得以出狱。他回到日本，接触到马克思主义和无政府主义的书籍，对两者的不同进行了认真思索。1917年夏，董必武毕业回国，又参加了孙中山的护法运动，可惜运动亦未成功。

1917年俄国十月革命的胜利给董必武极大影响,新的思想开始在他的头脑中激荡。1919年春,董必武在上海结识了李汉俊,受其影响,思想转向马克思主义。五四爱国运动的爆发,给董必武的思想以新的推动。他思考着几年来革命屡遭失败的教训,逐渐认识到旧的革命路子已经走不通了,中国要真正实现自由解放,必须依靠民众的力量,走俄国革命的道路。从此,董必武由激进的民主主义者跨入了中国第一批共产主义者的行列。

1920年夏,董必武通过李汉俊获悉上海已成立共产党早期组织,随即和陈潭秋等在武汉组织共产主义研究小组。1921年7月,董必武赴上海参加中共一大会议,在讨论关于对待孙中山的态度

武昌抚院街(今民主路)的一所房子,董必武等人于1920年秋在此成立武汉共产党早期组织

问题时，他反对把孙中山与北洋军阀称为"一丘之貉"的说法，认为他们之间有原则的不同，应区别对待，获得到会多数同志的同意。大会在讨论了中国政治形势和党的基本任务后，通过了《中国共产党第一个纲领》和《中国共产党第一个决议》，选举了中央领导机构，宣告中国共产党正式诞生。从此，作为中国共产党创始人之一的董必武，为中国人民的解放事业开始了新的战斗历程。

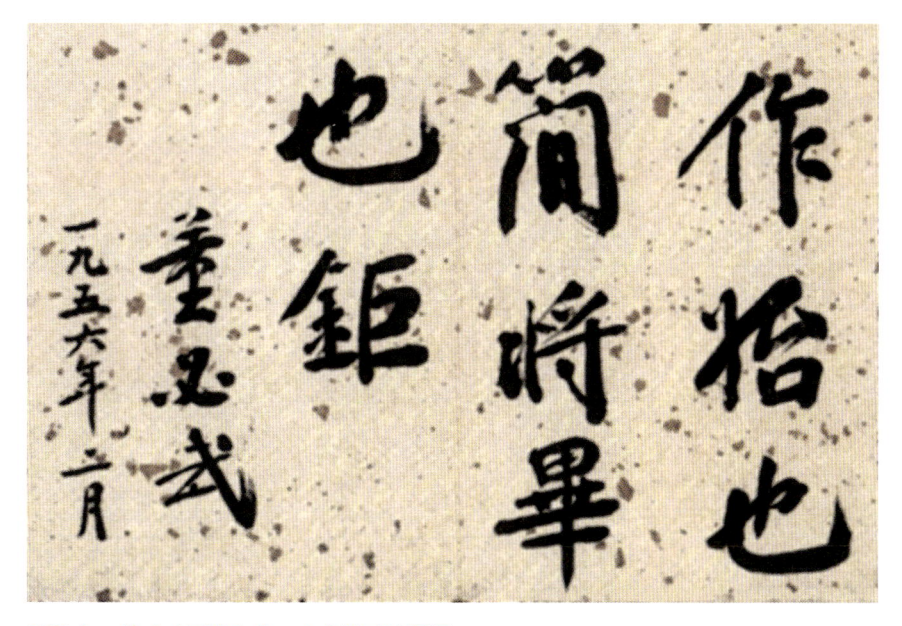

1956年，董必武重访中共一大会址时的题词

　　1956年的大年初一，70岁高龄的董必武重访了上海兴业路上的中共一大会址。他对革命文物的复原和保护作了细致的指示。纪念馆的工作人员请董老题词留念。几天后，他派人送来两幅题词，其中一幅就是"作始也简，将毕也巨"。董老此言是为了说明共产党人应该认识到自己事业的长期性和复杂性，善始善终地争取革命的最后胜利。这句话寄托了老一辈无产阶级革命家对中国革命事业的无限期许。

（韩晶　副研究馆员）

长眠在新疆的一大代表

陈潭秋

萍踪浪迹的地下党员

1943年9月27日夜，新疆迪化（今乌鲁木齐），军阀盛世才下令，将徐杰秘密处决。为防止枪声惊动四周，他们用一条麻绳勒死了徐杰。这个牺牲的徐杰，就是陈潭秋。

这位中共一大代表，将自己的角色定位为"临危受命、收拾残局"："在东北，我结束了满洲省委的工作；在莫斯科，我清理了一个学校的摊子；看来，这次新疆的摊子，又轮到我来收了。"

1921年7月的一个夏日，13位来自天南地北、却同样满怀激情的知识分子，秘密相聚在上海法租界的一栋石库门房子里，讨论着一件开天辟地的大事——成立中国共产党。时年25岁的陈潭秋就是其中的一员。

陈潭秋（1896—1943），原名澄，字云先，号潭秋，湖北黄冈县（今湖北省黄冈市黄州区）陈策楼人。陈潭秋出身于没落地

武汉共产党早期组织代表陈潭秋

主家庭，自幼就在崇尚读书的家庭里成长。在兄长的影响下，少年时的陈潭秋就立下了长大后要肩负救国救民重任的志向。1912年陈潭秋考入位于武昌的湖北省立第一中学。经过四年苦读后考入国立武昌高等师范学校（今武汉大学的前身）。

此时，正值新文化运动蓬勃发展的时候，思想上的启蒙对陈潭秋的影响非常深刻。随后的1917年俄国十月革命，以及1919年爆发的五四运动，促使陈潭秋逐渐走上了革命的道路。

1920年的秋天，陈潭秋和董必武、刘伯垂、黄负生等人创建武汉共产党早期组织。1921年7月23日，作为武汉共产党早期组织的代表，陈潭秋与年长他十岁的董必武一起赶到上海，参加了中国共产党第一次全国代表大会。会后，党把工作重点放在发动工人运动上。1922年6月，中央决定成立"京汉铁路工人俱乐部"。为配合党的这一决定，作为党在武汉地区的主要领导人，陈潭秋领导成立了全国第一个地方总工会——武汉工团联合会，由此拉开了武汉地区工人运动的大幕。

1925年1月，作为中共武昌地委的代表，陈潭秋出席了在上海召开的中国共产党第四次全国代表大会。1927年4月12日，蒋介石发动反革命政变，大肆屠杀共产党人和革命群众，蓬勃发展的大革命因此遭到了严重挫折。为了应对自成立以来这场最严重的危机，中国共产党在武汉召开了第五次全国代表大会。会上，陈潭秋当选为候补中央委员。由于国共彻底分裂，中共被迫转入地下活动。陈潭秋受党中央委派进入白区工作，先后担任江西、满洲等地的省委书记。1933年夏，陈潭秋到苏区，先任福建省委书记，后任中华苏维埃共和国中央执行委员兼粮食人民委员。

由于王明"左"倾机会主义的错误思想在党内的主导作用，红军第五次反"围剿"失利，于1934年10月被迫长征。陈潭秋受命留守苏区坚持牵制敌军的斗争。后转战至闽西南，并顺利突围。

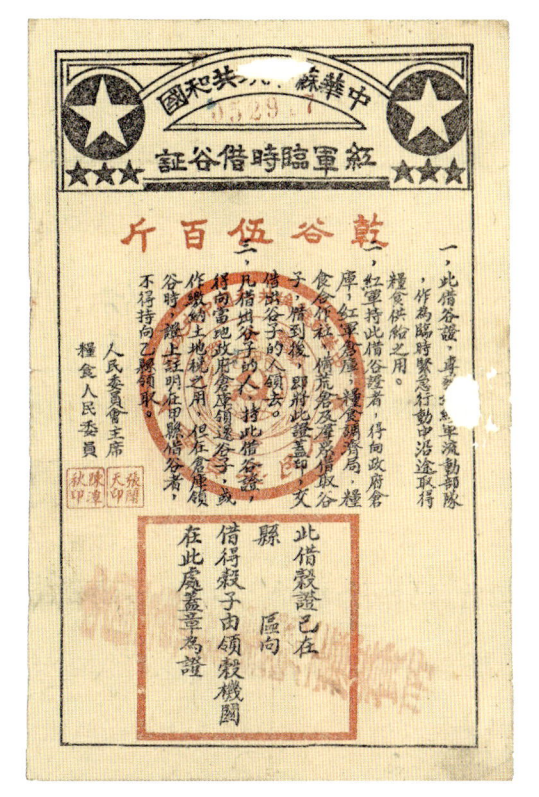

陈潭秋签发的中华苏维埃共和国红军临时借谷证

1935年8月，受党中央委派，他去莫斯科参加共产国际第七次代表大会，后因行程延误而错过，参加了随后召开的少共国际第六次大会。会后，他参加中国共产党驻共产国际代表团的工作，同时进入莫斯科列宁学院研究班学习。

1939年5月，陈潭秋奉命回国，化名徐杰。途经新疆时，被任命为中共驻新疆代表和八路军驻新疆办事处主任。此时的新疆正被军阀盛世才所把持。

盛世才，奉天开原县人。虽出身贫寒，但一直未断学业。1917年，留学日本。在这期间，他接触到了日本的社会主义思潮，这为其日后伪装革命做了很好的粉饰。1930年年底，善于钻营的盛世才，被任命为新疆陆军初级军官学校的战术总教官。从此，他不择手段地经营着他的"新疆王朝"。经过血腥的打拼，盛世才逐步掌握了新疆最高统治权。

盛世才用其见风使舵的政治手段，在苏联、中共以及国民党之间周旋。抗战爆发后，由于日军对中国沿海的封锁，中国共产党与苏联的联系只有走陆路。而新疆就成了苏联援助中国的一条极其重要的交通线。同时，这也是中共与苏共、中共与共产国际的联络站。中共领导人去共产国际开会，或去苏联学习和治病都是从延安出发，经兰州飞往新疆迪化，加油后再转飞苏联。因此，盛世才就成为中苏两党争取的对象。而盛世才则趁机利用苏联和中共的帮助来抵御蒋介石的吞并，并以此来清除异己，稳固其统治。

陈潭秋到任后，不仅保障了这条运送人员和抗战物资交通线的畅通，还组织训练了"新兵营"。

1936年10月，为了控制陕甘宁地区沿河西走廊连接苏联陆地的军援生命线，西渡黄河的中国工农红军2万余人遵照中央和军委命令组成西路军。由于孤军作战，没有后援，在弹尽粮绝的情况下，虽经拼死血战但还是导致了重大伤亡。仅剩李先念支队的400多人退至新疆迪化。这支部队当时对外称"新兵营"。

为了保存这支革命的火种，陈潭秋到任后，就与"新兵营"

里的干部战士同吃住、同训练。他在"新兵营"里设置了政治部，经常给干部战士们讲授共产党和红军的光荣历史，还与干部战士拉家常。有效的政治工作，再加上细致体贴的工作作风，一扫"新兵营"里颓废、失败的阴霾。陈潭秋就这样培养了一批政治作风好，又有军事素养的干部战士。后来，这批干部战士全部回到了延安，成为八路军的中坚力量。

1939年9月，周恩来在延安骑马摔伤到苏联治病，以及后来回国都是走的这条交通线。周恩来路过迪化时，陈潭秋特意陪同他到"新兵营"看望干部战士，极大提高了"新兵营"指战员的士气。

1941年6月，苏德战争爆发。由于苏联情况危急，再加上蒋介石的拉拢，盛世才心中的天平发生了倾斜。他认为，如今苏德战争究竟什么时候结束，胜利方是谁，难以预测，不如投靠蒋介石。于是，他伸出魔爪对在新疆工作的中共人员下了手。

1942年9月17日上午，盛世才派他的卫戍队以"督办请谈话"为名先是将陈潭秋、毛泽民（时任新疆民政厅长）等5人软禁起来。下午又将林基路（时任新疆库车县县长）等20多名在新疆工作较有影响的中共干部控制起来。

最后，盛世才将陈潭秋的夫人王韵雪及其他家属也一起囚禁起来。虽然苏联和中共做了大量工作，但都无果。

在狱中，敌人软硬兼施、施以酷刑，陈潭秋等人始终坚贞不屈，表现了共产党人视死如归的英雄气概。1943年9月27日深夜，陈潭秋与毛泽民、林基路等一同被敌人秘密杀害，时年47岁。陈潭秋遇害之时，他与王韵雪的儿子才只有两个多月大。陈潭秋给他起了个小名，叫"纤纤"。

1945年在延安召开中共七大时，代表们因不知其已牺牲的噩耗，仍选举他为中央委员。直到1946年6月，在重庆的周恩来得知国民党要员张治中将出任西北行营主任兼新疆省主席，便亲赴其家中，要求将在新疆被关押的100多名中共人员及家属释放出来。至此，王韵雪等人才重获自由。

陈潭秋这位党的创始人之一，用生命践行了他的革命初心。2009年9月，陈潭秋被评为"100位为新中国成立作出突出贡献的英雄模范人物"。

（陈晓明　副研究馆员）

党史小博士

八路军驻新疆办事处

八路军驻新疆办事处是八路军办事处之一，是抗战时期中国共产党领导新疆民众抗日救国的办事机构所在地。现在它的旧址为"八路军驻新疆办事处纪念馆"，它再现的是1937年至1942年以陈云、邓发、陈潭秋、毛泽民、林基路等为代表的中国共产党人在新疆进行抗日救亡运动和不屈不挠狱中斗争的历史全貌，是无数先烈用生命和鲜血凝成的历史见证。

最年长的一大代表

何叔衡

"叔翁办事，可当大局"

1931年11月，何叔衡进入中央革命根据地，历任中华苏维埃中央执行委员兼工农检察人民委员、代理内务人民委员、临时最高法院主审等职务。毛泽东高度评价他的革命精神和工作能力，说"叔翁办事，可当大局"。

何叔衡（1876—1935），字玉衡，号琥璜，学名瞻岵。清末秀才。1876年5月27日出生于湖南省宁乡县一个农民家庭。5岁时他便失去了母亲，父亲一人拉扯着家里6个年幼的孩子，生活十分困苦。幼小的何叔衡最大的愿望就是能像牛吃草那般吃顿饱饭。父亲听后对他说："你长大了像牛一样地做事，一定会吃得饱的。"何叔衡牢牢地记住了父亲的这句话，直至他为革命献出生命，始终是"像牛一样地做事"。

1902年7月，26岁的何叔衡遵从父命参加科举考试，一举得

长沙共产党早期组织代表何叔衡

中秀才。他性格豪爽、笃实刚介、思想开明，宁愿在家乡种地，以教私塾为业，也不愿到县衙任职去掌管钱粮。一时间，乡亲们都称他为"穷秀才"。1909年春，他受聘到云山高等小学堂任教，并和好友谢觉哉等进行了一系列的教学改革，使云山高等小学堂成为当时湖南省的一所进步学堂。

1913年春，何叔衡考入湖南省立第四师范学校，一年后，四师并入湖南省立第一师范。其间，他结识了毛泽东，他们志趣相投，经常在一起探求救国救民的真理和改造社会的道路，很快就建立了深厚的友谊，彼此了解颇深。毛泽东在评价何叔衡办事的顽强拼命精神时曾说过："何胡子是一条牛。"而何叔衡对毛泽东极为钦佩，曾向好友谢觉哉介绍"毛润之是个怎样了不起的人物"，并说："润之说我'不能谋而能断'，这话道着了。"可见他们相交甚深。

何叔衡在一师只读了半年就提前毕业了。1914年7月，何叔衡赴长沙楚怡小学任教。他教学认真，关心学生如同父母，很快就赢得了"老母鸡"的称号。教学之余，他一边接受新学，一边和毛泽东、蔡和森等人不断探讨社会问题，尤其是随着《新青年》等进步杂志的创刊和俄国十月革命胜利消息的传入，他开始逐步接触马克思主义，年近四十的何叔衡如热血青年般全身心地投入新文化运动中。

1918年4月，他与毛泽东、蔡和森等人组建了"五四"时期著名的革命团体——新民学会。五四运动后，他参加了驱逐皖系军阀张敬尧运动。1920年9月，何叔衡任湖南全省通俗教育馆馆长并主办《湖南通俗报》。与此同时，他又和毛泽东一起创办文化书社，组织俄罗斯研究会。当时湖南的许多革命青年就是通过文化书社的媒介接触到马克思主义，在俄罗斯研究会的推荐下赴俄学习，并在以后成为党的优秀干部的。

1920年初冬，长沙共产党早期组织在毛泽东、何叔衡等新民学会核心成员的推动下成立。1921年6月，毛泽东接到上海共产党早期组织的来函，要求派两名代表前往上海参加中国共产党第

何叔衡主办的《湖南通俗报》

一次全国代表大会。1921年6月29日,他和何叔衡两人悄悄地离开长沙,来到上海,准备出席党的一大。他们到达上海后,以"北大师生暑期旅行团"的名义借宿在博文女校。7月23日,中国共产党第一次全国代表大会召开,参加大会的共有13人,何叔衡是其中最年长的代表。

大会闭幕后,何叔衡和毛泽东一起回到长沙开展工作。为了进一步扩大马克思主义的宣传,培养党、团干部,加强党的建设,他们创办了湖南自修大学与湘江中学,由何叔衡亲任校长。学校侧重于创设适合学生个性的、自动自发的学习环境,且注意培养学生的民族独立思想与革命精神,提倡学习与劳动相结合,为党培养了大批革命骨干。

何叔衡虽然把主要精力放在办学上,但也从没有停止过其他的革命活动。1921年10月,他和毛泽东建立了中共湖南支部(中共第一个省支部)和中国劳动组合书记部湖南分部。1921年冬至1922年间,除长沙外,他们在平江、安源、衡阳、岳州等地都发展了党员。同时,他们深入基层,创办工人夜校,组织领导工人运动。1922年9月,党领导了粤汉铁路长(沙)武(汉)段工人罢工,何叔衡前往武汉,加强同湖北党组织的联系,领导湖南、湖北工人协同作战,使罢工获得了胜利。

1923年党的三大后,何叔衡竭尽全力,积极从事统一战线的工作。他遵照党中央关于共产党员以个人身份加入国民党的指示,在湖南加入了国民党组织。1925年春,国民党湖南省党部成立。

何叔衡相继当选为第一届执监委员、第二届监察委员，并先后担任湖南省法院控诉院的陪审员、特别法庭成员等职务，为全省的工农革命运动走向高潮作出了重要贡献。他在工作中始终保持了"牛"的秉性，认真负责，无私无畏，在群众中享有很高的威望。

1927年马日事变后，他化装离开了湖南，经武汉到达上海，与谢觉哉、徐特立、毛泽民等一起筹办聚成印刷公司，对外公开营业，对内专门印刷党的文件和刊物。同时，他还担任上海济难会书记，在白色恐怖的环境中坚持党的地下工作。

1928年6月，何叔衡接受党的安排，赴莫斯科中山大学特别班学习，并参加了党的第六次全国代表大会。1930年7月，他圆满完成了学习任务，回到上海主持中国革命互济会全国总会的工作，负责营救被捕的同志和输送革命者到苏区。1931年秋，何叔衡到达中央革命根据地瑞金，历任中华苏维埃中央执行委员兼工农检察人民委员、代理内务人民委员、临时最高法院主审等职务。在审判工作中，他坚持实事求是，依法办事，抵制了"左"的错误，避免和纠正了许多冤假错案。

1934年10月，中央红军开始长征。年近六旬的何叔衡留在根据地继续斗争。1935年2月，何叔衡、瞿秋白等从江西瑞金转移到福建长汀，准备由此出发，经广东、香港去上海。他们昼伏夜行，却于24日凌晨，不幸被敌人发现，陷入重围。为了不落入敌手，何叔衡跳崖，遭到敌人机枪的疯狂扫射，壮烈牺牲，实践了他生前"我要为苏维埃流尽最后一滴血"的誓言。

党史小博士

福建长汀的红色文化

长汀为全国著名的革命老区,具有光荣的革命传统。第二次国内革命战争时期,长汀是中央苏区的重要组成部分,是中央苏区的经济、文化中心,被誉为"红色小上海"。毛泽东、周恩来、朱德、刘少奇等老一辈革命家都在长汀从事过伟大的革命实践。党的早期领导人瞿秋白、何叔衡在长汀就义。第二次国内革命战争时期,长汀2万多名优秀儿女参加了红军,长汀是红军长征出发地之一。1932年,第一个福建省苏维埃政府、中共福建省委、福建军区等机构在长汀成立,长汀成为福建革命运动的政治、军事中心。目前,长汀全县有全国重点保护的革命遗址7处,还有省级文物保护单位与省级革命建筑物3处,县级文物保护单位27处。

(赵婕 馆员)

中共一大会议的书记员

毛泽东

毛泽东"立志出乡关"

1910年秋天,毛泽东离开闭塞的韶山,走向外面更广阔的世界。这是他人生历程中的第一个转折。他的激动心情可想而知。临行前,他改写了一首诗,夹在父亲每天必看的账簿里:

孩儿立志出乡关,学不成名誓不还。

埋骨何须桑梓地,人生无处不青山。

1893年12月26日,毛泽东(1893—1976)出生在湖南一个农民家庭。父亲毛顺生,原本家境贫寒,但是因为治家有方,又善于经营,后来成为富裕农民。母亲文素勤,是位善良、谦和、勤劳、乐于助人的农村妇女,毛泽东称她是"可以损己利人"的人,她的品德对毛泽东影响最大。此外,毛泽东还有两个弟弟,毛泽民1896年出生,比毛泽东小3岁,最小的弟弟毛泽覃出生于1905年,比毛泽东小12岁。

长沙共产党早期组织代表毛泽东

毛泽东幼年大部分时间在湘乡外祖父的家中度过。他6岁时就参加了田间的零碎劳动，8岁时开始接受中国传统的启蒙教育，在家乡韶山私塾读书，直到13岁时才离开本地私塾。16岁以前，毛泽东是学生兼小长工，或小长工兼学生。年仅13岁的毛泽东，经常被派到田里担负一个成年人的工作。他还在自己家门前和水塘边种上蔬菜，将菜地修整得很好。对于喂牛喂猪这些事情，毛泽东也很在行，他喂过的猪和牛都不会生病。除了农事，他还帮助父亲记账，但在这些劳动过后，他还能挤出时间读书，而且乡下能借到的书他几乎都读遍了。嗜书如命的他，经常读书读得入迷，深更半夜还舍不得把书放下。有次被父亲发现，骂他浪费灯油。为了不让父亲看到他夜晚读书的灯光，他就用被子挡住窗户。就是用这种方法，毛泽东读完了1893年出版的《盛世危言》。此书是广东人郑观应所写，书中提出中国富强之道，应该开矿、筑路、发展工商业；设立议院，实行"君民共主"；办报馆、成立图书馆，提高人民文化水平。埃德加·斯诺在《红星照耀中国》里提到，此时毛泽东开始关注政治，读了一些呼吁救亡图存的小册子，其中的一本让他印象深刻。毛泽东自己回忆道："我现在还记得这本小册子的开头一句：'呜呼，中国其将亡矣！'这本书谈到了日本占领朝鲜、台湾的经过，谈到了越南、缅甸等地的宗主权的丧失。我读了之后，对国家的前途感到沮丧，开始意识到，国家兴亡，匹夫有责。"

经过与父亲的力争，在16岁时，毛泽东得以到离家50里地的湘乡县立东山高小读书。在这个学校里，他可以支配自己的所有时间。他的学习成绩很好，而他写的文章是最受老师称赞的。由于渴望更广阔的天地，在东山高小读了一年书的毛泽东，又在1911年考入长沙的驻省湘乡中学。在长沙，他第一次读到《民立报》，第一次知道同盟会，他深深地被孙中山的革命民主主义所吸引，毅然剪掉辫子，以示反清。

不久，辛亥革命爆发。毛泽东投笔从戎，加入湖南新军混成旅五十标第一营左队，当了一名列兵。然而，辛亥革命的胜利果实却被袁世凯窃取了，毛泽东备感失望，决定退出新军，继续读书，以探索新的思想。后来，他考入湖南省立第一师范学校。此时，以《新青年》为号角的新文化运动方兴未艾，民主与科学的崭新思想影响着他，他不仅认真读书，而且立志改造社会。1918年4月14日，毛泽东、蔡和森、何叔衡等13人组建了著名的革命团体——新民学会，其宗旨是"革新学术，砥砺品行，改良人心风俗"。从第一师范毕业后，毛泽东当了一段

旧湖南大学半学斋。1918年4月14日，毛泽东、蔡和森、何叔衡等13人组建"五四"时期著名的革命团体——新民学会。毛泽东和新民学会会员曾在此进行革命活动

第三部分　大浪淘沙话信仰

时间的小学教师。

1918年8月,为了给赴法勤工俭学的新民学会会员筹集资金,毛泽东第一次来到北京。此时,他在湖南省立第一师范学校时的恩师杨昌济在北大任教,经杨昌济介绍,毛泽东在李大钊任主任的北大图书馆当助理员。在北大的时间不长,毛泽东的思想却发生了质的变化。他饱览进步书报,聆听名师讲课,参加学术活动,与李大钊等一批最早接受马克思主义的先进分子接触。在李大钊的影响下,毛泽东开始向马克思主义者转变。

1919年3月,为了欢送赴法勤工俭学的湖南青年,毛泽东第一次来到上海。15日,他参加了环球中国学生会组织的欢送活动,

1919年3月15日,赴法勤工俭学学生欢送会合影。最后一排右起第一人为毛泽东

之后便回到了湖南。

1919年5月4日，伟大的五四爱国运动在北京爆发。五四运动以后，为了进一步提高群众的思想觉悟，更有力地推进革命运动，毛泽东创办并主编了湖南学生联合会会刊《湘江评论》。毛泽东把全部的精力投入进去，他既是主编，又是主要撰稿人。

毛泽东主办的《湘江评论》

会刊在全国范围的影响不断扩大，李大钊认为这是当时全国最有分量、见解最深的一种刊物。北京、上海的报刊都转载过它的文章，不少进步青年，如任弼时、郭亮、萧劲光等，就是在《湘江评论》的直接影响下逐步走上了革命道路。然而当时湖南督军张敬尧对学生运动深感恐慌，查封了《湘江评论》。为了反抗张敬尧对学生运动的镇压，毛泽东决定组织力量开展驱张运动。1919年12月，他率领赴京驱张代表团来到北京，并很快组织起旅京湖南各界联合会进行请愿活动，要求撤惩张敬尧。为了发挥新闻舆论的力量，毛泽东成立了平民通讯社，自任社长，起草并发出大量驱张稿件、电报、呈文、宣言，分送京、津、沪、汉各大报刊发表。从北京回来后，毛泽东创办文化书社，引进和介绍了大量马克思主义书刊，在学习和宣传马克思主义思想方面产生了重大影响。文化书社先后在湖南设立了7个分社，在长沙、衡阳等地设立了多处销售部。为了深入研究马克思主义，1920年9月15日，湖南俄罗斯研究会在长沙文化书社正式成立，毛泽东担任书记干事。湖南俄罗斯研究会做了大量的宣传工作，在湖南《大公报》上连续转载了上海《共产党》月刊上的一批重要文章，还先后介绍刘少奇、任弼时、萧劲光等16名进步青年到上海的中共早期组织创办的外国语学社学习俄语，然后赴俄留学，为中国革命培养了骨干，在社会上产生了一定的影响。

1921年，中国共产党成立的条件日益成熟，共产国际派来指导中国革命的马林，经过与上海共产党早期组织李达等人的反复商量，决定在上海召开党的一大，建立全国统一的中国共产党。什么人可以出席党的一大？经过讨论决定，各地党的早期组织可选派两名代表参加。此时的长沙，已经有了共产党早期组织。早在1920年5月，毛泽东从北京到上海时，就拜见了五四新文化运动的核心人物陈独秀。陈独秀非常欣赏毛泽东，让他回到长沙后，积极开展革命活动，为建立中国共产党长沙早期组织进行思想准备和组织准备。回到长沙后，毛泽东紧锣密鼓地开始了筹建工作，在新民学会骨干成员中发展党员。1920年的初冬，长沙共产党早期组织在毛泽东、何叔衡、彭璜、贺民范等新民学会的先进知识分子中秘密诞生。

1921年6月下旬，毛泽东接到中国共产党上海早期组织代理书记李达的来信，要求长沙共产党早期组织选派、推荐两名代表即日赴沪，参加党的一大。接信后，毛泽东立即找来了何叔衡、彭璜、易礼容等人商量此事。经过商议，决定何叔衡和毛泽东作为长沙共产党早期组织代表，前往上海参加中共一大。6月29日下午，他与何叔衡一同登上了小火轮，从长沙出发前往上海。幸运的是，新民学会会员谢觉哉还在自己的日记中记录下了这一历史事件："午后六时叔衡往上海，偕行者润之，全国○○○○○之招。"这五个"○"，代表"共产主义者"。当时，他知道这是一件大事，怕泄露，只能以圈代意。在中共一大会议期间，毛泽东担任会议记录工作，并作过一次发言，介绍长沙党组织的情况。在这次会

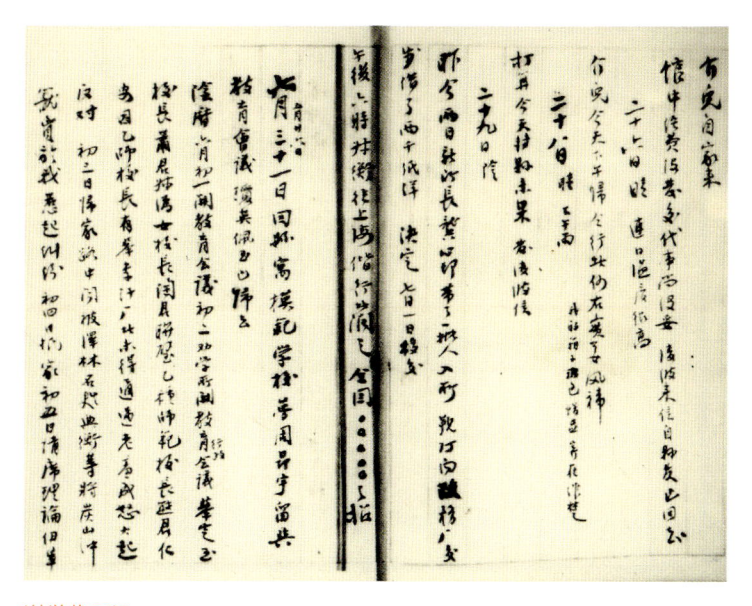

谢觉哉日记

议中，毛泽东并没有引经据典畅谈马克思主义理论，而是略显沉默寡言。休会期间，他常在宿舍里走走想想，甚至于有的同志经过窗前向他打招呼的时候，他都不曾看到。中共一大会议闭幕后，毛泽东回到湖南，扎扎实实地开展革命工作。他大力宣传马克思主义、发展党员并组织工人运动，取得了卓然的成绩，并在以后的革命斗争中逐渐成为党的领袖，成为20世纪中国大变革年代改变国家面貌的一代伟人。

党史小博士

赴法勤工俭学

1917年吴玉章从法国回到北京，发动和组织青年赴法勤工俭学，毛泽东、蔡和森等领导的新民学会也动员湖南青年参加，人数最多时达1700余人。先后到法国勤工俭学的有蔡和森、周恩来、赵世炎、李富春、聂荣臻、王若飞、徐特立、陈延年、陈乔年、邓小平、陈毅、蔡畅、李维汉、刘伯坚、傅钟、李大章等。1921年，留法勤工俭学的周恩来、赵世炎、王若飞等发起组织中国社会主义青年团，在旅欧学生和工人中积极宣传马克思列宁主义。

（孙宗珊　助理馆员）

为理想而改名的一大代表

王尽美

"尽善尽美唯解放"

在参加中共一大会议的时候,王尽美使用的仍然是"王瑞俊"这个名字。那么他后来为什么会改名叫王尽美呢?原来,党的一大召开后,王尽美更加坚定了革命的信念,他决心为实现一个尽善尽美的社会而努力奋斗,于是他将自己的名字由王瑞俊改为王尽美,并为此作了一首诗《肇在造化——赠友人》:

贫富阶级见疆场,尽善尽美唯解放。

潍水泥沙统入海,乔有麓下看沧桑。

至此,王尽美完成了从一个普通的爱国青年到坚定的共产主义者的升华。

1921年7月23日,中国共产党第一次全国代表大会在上海举行,参加会议的有来自各地的共产党早期组织代表及共产国际代表等共15个人,王尽美就是其中的一员。

王尽美(1898—1925),原名瑞俊,字灼斋,1898年6月出

济南共产党早期组织代表王尽美

山东省立第一师范学校旧址

生在山东诸城市莒县一个佃农家庭里。他7岁时，由于一个偶然的机会，给当地一个地主家的孩子当陪读。塾师听说王尽美出生时红光满屋，于是给他取名叫王瑞俊，字灼斋。

1918年的秋天，20岁的王尽美考入了位于济南的山东省立第一师范学校。在求学期间，他认真阅读进步书刊，参加爱国学生运动，不断地探寻救国救民的道路。1920年11月，王尽美与山东省立第一中学学生邓恩铭等人发起成立了励新学会，出版了《励新》半月刊，积极宣传新思潮，广泛接触人民群众，密切关注社会变革，努力探索救国救民的道路。1921年春，王尽美、邓恩铭等在上海、北京共产党早期组织的影响和帮助下，筹备并成立了济南共产党早期组织。组织成立后，王尽美除了把励新学会作为

> **党史小博士**
>
> ### 《无情最是东流水》
>
> 无情最是东流水，日夜滔滔去不停；
> 半是劳工血与泪，几人从此看分明。
>
> 1922年7月，王尽美将《济南劳动周刊》改名为《山东劳动周刊》。该刊作为中国劳动组合书记部山东支部的机关刊物，大量报道省内外的工运讯息，用生动的语言和典型事例从理论上武装工人群众，进一步发动山东工人运动。王尽美创作了《无情最是东流水》这首诗并发表在《山东劳动周刊》上，意在反映工人生活的困苦情况，激励工人为争取自身的幸福和自由而不断奋斗。

活动的主要阵地继续传播马克思主义，还拿出大部分精力去开展工人运动，深入工厂广交朋友，组建工会组织，创办《济南劳动周刊》，促进了马克思主义与工人运动的结合。

1921年7月，对王尽美来说，是他革命生涯中一个光辉的里程碑。他与邓恩铭代表济南共产党早期组织参加了中国共产党第一次全国代表大会，见证了中国共产党的诞生。在一大会议上，王尽美向大会汇报了山东党组织组建的过程，并针对当时的形势和任务阐述了自己的观点。会后，王尽美逐一拜访与会代表，利用一切机会向他们求教，与他们畅谈对马克思主义的认识。出席中共一大会议，使王尽美在认识和思想上都有了新的进步，而他虚心好学、执着追求真理的精神，也给与会代表们留下了深刻的印象。

王尽美回到山东后，把中共一大的会议精神向济南共产党早期组织成员进行了传达，并对如何落实中共一大精神，进一步加强和抓紧党在山东的工作进行了认真研究。1921年9月，王尽美在济南策划建立了马克思主义学说研究会，进一步有计划有组织地学习和宣传马克思主义，会员发展到几十人。1922年1月，王尽美出席在莫斯科召开的远东各国共产党及民族革命团体第一次代表大会。在苏俄期间，王尽美从各个侧面观察和认识这个世界上第一个无产阶级掌握政权的国家，从中受到很大的启示、教益和鼓舞。从莫斯科回到济南后，王尽美根据中央局的指示，把工作重点放在发展党的组织方面。5月，中共济南独立组成立，王尽美任组长，不久又建立了中国劳动组合书记部山东支部，王尽美任主任及北方分部副主任。随后，他深入矿山、工厂、学校，组织领导了济南理发业大罢工、山海关京奉铁路工人罢工、开滦五矿工人大罢工及秦皇岛码头工人大罢工等一系列工人罢工运动，为山东

山海关京奉铁路工人罢工的相关报道

党组织的发展壮大作出了重大贡献。

1925年春节前夕，王尽美因疲劳过度吐血晕倒，但他不等病愈毅然出院，继续投身于革命斗争中。6月，王尽美肺病复发，在组织的安排下回乡养病，后因病重到青岛医院治疗。在病床上，他对前来探访的战友们从不谈自己的病情，总是勉励大家要好好为党工作。同年8月，王尽美病逝，年仅27岁。

王尽美，这位中共山东党组织最早的组织者和领导者，将无产阶级"尽善尽美"作为他一生追求的社会理想，用生命实践了一个共产主义者的诺言。1961年，出席中共一大的代表之一董必武视察途经济南时，忆起昔日的战友王尽美和邓恩铭，提笔写下了诗作《忆王尽美同志》："四十年前会上逢，南湖舟泛语从容。济南名士知多少，君与恩铭不老松。"

（康珏　馆员）

中共一大唯一的少数民族代表

邓恩铭

"卅一年华转瞬间，壮志未酬奈何天"

1929年1月19日，邓恩铭在济南被捕入狱。1931年3月，邓恩铭忍受病痛，在狱中最后一封书信中留下遗作《诀别》：

卅一年华转瞬间，壮志未酬奈何天。

不惜惟我身先死，后继频频慰九泉。

1931年4月5日，在山东省济南市纬八路侯家大院刑场，邓恩铭身负镣铐，与其他20多名共产党员一起，高唱《国际歌》从容就义。

邓恩铭（1901—1931），亦作"邓恩明"，字仲尧，又名黄伯云，1901年1月5日生于贵州省荔波县的一个水族村寨。1917年到山东济南投亲，1918年考入山东省立第一中学。1921年年初，与王尽美等成立济南共产党早期组织。同年7月，出席中共一大，是13名代表中唯一的少数民族代表。

邓恩铭祖上原来是汉族，先祖由广东嘉应（今广东省梅州市）

济南共产党早期组织代表邓恩铭

邓恩铭的家乡

迁至荔波，至邓恩铭出生时已130余年，家族已融为水族。1905年，邓家举家迁往荔波县城，以行医卖药、卖豆腐为生。邓恩铭是家中长子，父亲对他寄予厚望，4岁就为他延师开蒙，6岁就读私塾，10岁进入荔波县模范两等小学堂读书。那年正是辛亥革命爆发之时，邓恩铭虽不能深刻理解辛亥革命的伟大意义，但懂得清王朝已被推翻。荔波县模范两等小学堂是一所七年制新式学校，有几位思想进步的教师，如历史老师高煌就是光绪年间贵州省第一批公费留日学生。在他的历史课上，有次讲到德国帝国主义借口"曹州教案"强迫清政府签订《胶澳租界条约》占领青岛时，高老师满怀沉痛地说道："世界大战爆发时，日本帝国主义借口对德宣

第三部分　大浪淘沙话信仰

战，强占我国青岛，至今还没有收回……""老师！为什么不把日本帝国主义赶走，收回青岛？"邓恩铭站起身情绪激昂地喊道。高老师理解邓恩铭的莽撞，是出自内心抑制不住的爱国激情，不仅没有责备他，反而和蔼地让他坐下，耐心地向学生们解说了军阀政府勾结帝国主义、出卖国家主权的卑劣行径。这一课，使邓恩铭懂得了封建王朝虽已被推翻，但革命却尚未成功。

1915年，袁世凯复辟帝制，为取得日本帝国主义的支持，签订了丧权辱国的"二十一条"。顿时，全国掀起反袁斗争浪潮。学生走上街头演讲，揭露日本帝国主义的侵略野心和袁世凯的卖国罪行。邓恩铭在演讲中号召大家抵制日货，把自己用过的洋货当众烧掉，以实际行动反对日本帝国主义。这次反袁斗争的浪潮，是邓恩铭参加的第一次革命斗争活动。

1917年，邓恩铭去山东济南堂叔家投亲求学，父母嘱咐他要好好读书，将来谋得一官半职，为邓氏门庭增光。对长辈的期望，邓恩铭心想：若国家尚不能保全，一家门庭的光大又有何用？读书不能只为一人一家，而应为了救国。抱定读书救国的决心，1918年邓恩铭以优异的成绩被山东省立第一中学录取。当时一方面是北洋军阀残暴统治，当局腐败；另一方面新文化运动日渐广泛，各种新思潮的传播对邓恩铭产生了强烈影响，他开始关注国家民族的前途命运。

1919年，五四运动爆发，邓恩铭参加了省立一中学生自治会的学生运动。他的演说、写作、组织才能在同学们中崭露头角，受到同学们的拥护。他还结识了山东省立第一师范学校的学生王尽美。五四运动后，在中国迅速出现了介绍俄国十月革命、宣传马克思主义的潮流。邓恩铭如饥似渴地阅读各种进步书籍和刊物，探求救国救民的真理。通过不断学习和思索，他终于确定了以马克思主义作为自己的信仰，并开始联络志同道合的朋友，共同探索、寻求中国革命的道路。

邓恩铭使用过的砚台

1920年春，共产国际代表维经斯基来到中国，先后到北京、上海与李大钊、陈独秀讨论了在中国建立共产党的问题。他在由京赴沪的途中，曾在济南与王尽美、邓恩铭等人进行商谈。在维经斯基的帮助下，京、沪、济等地的先进知识分子开始酝酿建立中国共产党。1920年6月，陈独秀等人首先在上海创建了中国共产党早期组织。1921年年初，在上海共产党早期组织的推动下，济南也成立了共产党早期组织，王尽美、邓恩铭都是组织负责人。

1921年6月，上海共产党早期组织向全国各地组织发出了召开第一次全国代表大会的通知。北京的代表张国焘途经济南作了短暂停留。他邀请了济南共产党早期组织的几名成员，交谈京、济两地共产党早期组织的活动情况和全国形势，并就即将举行的第一次全国代表大会交换了意见。此后，济南共产党早期组织推选王尽美、邓恩铭两人为参会代表。

到会代表中，邓恩铭是个刚满20岁的年轻小伙子，性格开朗，会议期间十分活跃，深为代表们所喜爱。大会经过讨论，通过了党的纲领和决议，选举了中央领导机构，中国共产党宣告正式成立。

1922年1月，邓恩铭赴莫斯科参加远东各国共产党及民族革命团体第一次代表大会，受到列宁的亲切接见。同年年底，邓恩铭赴青岛创建党组织，并先后任中共直属青岛支部书记、中共青岛市委书记。

大革命时期，邓恩铭先后领导胶济铁路工人大罢工和青岛日商纱厂工人大罢工，组织成立青岛市各界联合会和市总工会。1927年4月，邓恩铭赴武汉出席中国共产党第五次全国代表大会，回山东后，任中共山东省委书记。大革命失败后，邓恩铭辗转山东各地，领导党组织开展斗争。1928年12月，因叛徒出卖，邓恩铭被捕，被关押在济南省府前街的警察厅拘留所内。

在监狱中，邓恩铭领导其他党员组织了两次越狱斗争，沉重地打击了敌人的嚣张气焰，使得敌人惊恐万状，对他进行严刑拷打。敌人从肉体上给邓恩铭以折磨，妄图摧垮他的意志。然而邓恩铭却坚贞不屈，坦然自若，严守了党的机密，表现出了一个共产党员忠贞不渝的高风亮节。敌人对他恨之入骨，于是在1931年4月5日，残酷地将年仅30岁的邓恩铭杀害了。2009年9月，邓恩铭被评为"100位为新中国成立作出突出贡献的英雄模范人物"。

> **探索小百科**
>
> ### 少数民族"水族"
>
> 水族，是我国少数民族之一，主要聚居在黔南桂北一带。水族自称"睢（suī）"，因发祥于睢水流域而得名。关于水族的来源，有殷人后裔说、百越（两广）源流说、江西迁来说、江南迁来说等说法。水书是夏商文化的孑遗，属水族的精神支柱。鱼是水族的图腾，饭稻羹鱼是水族的重要社会习俗。水族，有本民族的语言和传统文字，水族古文字体系保留着图画文字、象形文字、抽象文字兼容的特色。

（赵婕　馆员）

中共一大会议主持人

张国焘

五四运动的风云人物

  1921年7月23日晚，中国共产党第一次全国代表大会在上海法租界望志路106号（今兴业路76号）召开，会议的主持人是来自北京的代表、时年24岁的张国焘。

  早在五四运动期间，张国焘已是北京大学国民杂志社的首届总务股干事、北大平民教育讲演团的首批团员，其演讲才能、领导才能在一次次活动中得到锻炼，出色的社会工作能力使他在学生中的威信日高。在5月4日北京各校学生的集会游行中，张国焘也起到了核心作用。

  张国焘（1897—1979），1897年11月14日出生于江西萍乡。在张国焘祖父一辈，张家已成为当地一个人丁兴旺、理财有方的殷实大户。作为一个封建大家庭的长子，张国焘的性格中既有聪慧上进、思想活跃、处事果断的优点，又有骄傲自满、易走极端、缺乏深思熟虑的缺点。

北京共产党早期组织代表张国焘

1916年夏，张国焘中学毕业，来到上海备考北京大学。经二叔介绍，他认识了革命党人叶伯衡。张国焘听叶描述了革命党人所过的穷苦而危险的生活，既敬佩其艰苦奋斗的精神，也深为革命的理想主义和豪迈不羁的浪漫色彩所感染。

1916年10月，张国焘考入北京大学，北大成为张国焘从事社会运动的起点，而真正把张国焘推上历史前台的是五四运动。

1919年5月，中国在巴黎和会上外交失败的消息传到国内，北大学生的爱国情绪瞬间被点燃。5月3日晚，北大法科礼堂举行全体学生大会，张国焘作为北大学生代表之一发言。大会决定于5月4日各校齐集天安门举行学界大示威，反对政府在巴黎和约上签字。此时的张国焘已经在北大度过了两年多的时间。在此期间，他广泛地涉猎各种报刊，拥护新文化运动，是北大学生中的新派人物。同时他积极参与各种活动，是个活跃分子。

五四运动爆发时，张国焘被推举为北京学生联合会讲演部部长。讲演部是各校运动积极分子云集的地方，人数众多，仅北大就有800多人。张国焘把这些人分别组成若干讲演团和讲演小队，到北京城内外街道、火车站以及集镇等地露天讲演，散发及张贴宣传页，宣传抵制日货，揭露北京政府和亲日派。6月2日，张国焘和几位讲演团成员被警察逮捕，此后又有几百位学生被捕。北京政府镇压学生的暴行，激起了社会各界的抗议，全国各地掀起反抗斗争，上海爆发了大规模的"三罢"斗争。这一切迫使北京政府释放学生，答允学生的要求。张国焘等人在6月6日被宣

五四运动

布释放后,坚持不出去,直到6月8日警察厅一处长出面向他们道歉后,才答应离开,像英雄般地回到北大。他后来作为北京各界联合会代表谒见北洋政府的国务院秘书长郭则云,就对德对日之外交问题递请愿书,又在上海与外交部长王正廷谈对日外交问题,产生了一定的社会影响。

　　五四运动期间,张国焘主持各种会议、指导内部工作、负责对外联络,虽然紧张疲劳,却得到了一些很好的锻炼机会。同时,张国焘得到了李大钊的关怀和支持,在艰难的斗争环境中,两人结下了不同寻常的师生之谊。其实,两人从1918年年底就已经开始密切往来，在李大钊的引导下，张国焘开始大量阅读介绍马克思主义的书籍，同时继续参加平民教育讲演团的活动。1920年10月，张国焘由李大钊、张申府发展加入北京共产党早期组织，担负组织工作。1920年11月，在李大钊的指导下，由邓中夏、罗章龙、张国焘、刘仁静等负责发起组织社会主义青年团。1921年3月30日，青年团在北京大学召开第四次大会，张国焘被选为书记。

张国焘在开展工人运动方面，工作也颇为突出。1921年1月1日，由张国焘、邓中夏等人筹建的长辛店劳动补习学校开学。张国焘是教员之一，被工人们称为"足智多谋"的"张孔明"，深受工人欢迎。李大钊和北京党组织的其他成员都曾去该校视察或讲课。

党史小博士

长辛店劳动补习学校

长辛店劳动补习学校是北京共产党早期组织建立的第一所工人学校，以增进劳动者和劳动者子弟的知识、养成高尚人格为宗旨。学校分日夜两班，用浅显易懂的语言教工人识字，讲授革命道理，深受工人们的欢迎，并培养出北方工人运动的第一批骨干。

1921年夏，在接到上海方面召开中国共产党第一次全国代表大会的通知后，因李大钊公务繁忙不能前往，北京小组一致推选张国焘为代表之一。1921年5月张国焘便来到上海，协助上海小组代表李达、李汉俊进行大会筹备工作，并与共产国际代表马林交换了对工人运动和大会筹备情况的看法，同时缓和了马林与上海共产党早期组织成员之间的紧张关系。中共一大召开时，原定的主持人陈独秀因各种原因未能出席，而李达、李汉俊与马林的关系也不融洽，同时鉴于张国焘在会前的工作情况，因此在临开会前，代表们推举张国焘主持会议。就这样，张国焘成为中共一大会议的主持人。张国焘向大会报告了会议的筹备经过，说明了这次代表大会的重要意义，并提出这次代表大会应当具体讨论和解决的各种问题，首先是制定党的纲领和实际工作计划。在7月25日、26日休会的两天，张国焘与李达、董必武等组成起草委员会，负责起草党纲和决议草案，为大会的顺利召开做了不少工作。

（韩晶　副研究馆员）

年龄最小的一大代表

刘仁静

北大的"小马克思"

受马克思主义和五四运动的影响,刘仁静的思想得到了升华,毅然走上了革命的道路。因为刘仁静是学英语专业的,李大钊就让他研读英文版的马克思主义著作。他年纪小,记忆力强,人又特别聪明,很快就熟读了许多马克思的著作。而且与人谈话时,开口闭口都是马克思如何如何说,当时的北大人给他起了一个外号"小马克思"。

1921年7月23日,中国共产党第一次全国代表大会在上海召开,大会的中心议题是正式建立中国共产党。这是一次年轻的会议,13位代表的平均年龄只有28岁,最年长的"何胡子"不过45岁,而我们这篇故事的主人公刘仁静当时只有19岁。毫无疑问,这位当年代表北京共产党早期组织出席会议的北大外语系学生成了年龄最小的中共一大代表。

北京共产党早期组织代表刘仁静

李大钊为刘仁静出具的缓缴学宿费用的担保书

这位出生于湖北应城、从小就酷爱读书的"少年老夫子"，16岁时就考入了北京大学物理系预科，读书期间因家庭无力支付高额的学费，为了能继续学业，北大教授胡适、李大钊都给他写过拖欠学费的保单。中国革命历史博物馆内就保存着李大钊亲笔写的一张字条："哲学系学生刘仁静君学宿等费由鄙人暂为担保，一俟家款寄到，即行缴纳不误。此上会计课。李大钊"。经济上的拮据并未影响刘仁静在学习上的热情，在北大期间他先后在哲学系和外语系学习，并与同学们一道参与了反对帝国主义和封建主义的五四爱国运动。即使在一次演讲中被警方逮捕，面对铁窗生活他也毫不畏惧，连李大钊都夸奖他"小小年纪肯奋斗"。

1920年10月，北京共产党早期组织成立后，被人称为"小马克思"的刘仁静以"对马克思主义较有研究"的优势成为北京共产党早期组织成员之一。次年7月，中国共产党在上海召开第一次全国代表大会，刘仁静荣幸地被北京共产党早期组织推选为一大代表并出席了会议。因为参加会议的除了全国各地的代表，

1923年4月刘仁静在莫斯科东方共产主义大学学习时与同学的合影（左一任弼时，左二罗亦农，左四张国焘，左五刘仁静）

还有代表共产国际的马林和代表赤色职工国际的尼克尔斯基，外语熟练的刘仁静担任了翻译，并参与起草了会议的相关文件。

党的一大会议后，刘仁静回到北京，潜心从事马克思主义的研究和宣传。随后他又先后多次前往苏俄，一次是1922年出席在莫斯科召开的共产国际四大，并在会上发言。也就在这次会上，刘仁静结识了两位苏联革命领袖人物——列宁和托洛茨基。另一次是1925年他前往莫斯科列宁主义学院学习，此时的苏共党内风云突变，爆发了斯大林与托洛茨基的尖锐斗争，随后托洛茨基被开除了党籍。

1929年4月，刘仁静在列宁学院学习结束，获得了共产国际的护照。他没有直接回国，而是自作主张寻访托洛茨基。1929年8月，刘仁静回到上海。不久之后，他因追随托洛茨基被开除了党籍。之后的刘仁静在党派的政治斗争中沉沉浮浮，开启了一段跌宕起伏、变幻无常的人生。由于生活所迫，他开始靠卖文翻译维持日常生计，也曾被国民党当局逮捕关进苏州反省院三年，后又被国民党当局请去"帮忙"，写一些所谓的"文章"，这位昔日的中共一大代表彼时如雨打浮萍，完全迷失了方向。

新中国成立后，刘仁静在中国革命胜利的触动下开始反省，在刘少奇等中央领导人的劝说和鼓励之下，他向中央组织部递交了一份材料并承认了错误，组织上也为其安排了工作，先后任命其为人民出版社特约翻译和国务院参事。1987年，刘仁静因车祸意外去世，终年85岁。

（马玮佳　馆员）

党史小博士

访问刘仁静

1981年是中国共产党成立60周年，是年七一前夕，新华社记者采访了当时唯一健在的中共一大代表刘仁静，还特发专稿《访问刘仁静》。文章说："……直到1949年新中国成立以后，他才如梦初醒，抛弃反动立场，站到人民方面来。从1951年到现在，他一直在人民出版社从事翻译工作，翻译了十几部重要的文献资料和著作。"

被离奇命案吓走的

陈公博

中国"第二号大汉奸"

陈公博早年参加中国共产党，是中共一大代表，而后脱党而去，步入国民党行列，以"左派"自诩，曾任国民党第二次全国代表大会中央执委，后演变为反蒋的改组派的代表人物，但不久又与蒋介石合流。最后，他追随汪精卫，叛国投敌，成为中国的第二号大汉奸。他一生的政治面貌变化多端，最终被钉上历史耻辱柱，给世人以深刻的沉思和警示。

1892年10月19日，陈公博（1892—1946）出生于广东南海（今广州）的一个官宦之家。1917年，他从广州法政专门学校毕业后，又考入北京大学哲学系。当时的北京大学正是蔡元培任校长时期，各方名师汇集，各种思想广泛传播。陈公博与同时代的人一样承受着新思潮的冲击和洗礼，吮吸着蜂拥传入中国的各种西方思想。

1920年夏，陈公博结束了在北大的求学生活，带着极不定型

广州共产党早期组织代表陈公博

的新思想和急于施展才华的抱负，返回广东，开始踏上政治舞台。在陈公博返回家乡前后，广东已成为中国革命的中心：一方面，孙中山在第一次护法运动失败后，再次举起"护法"旗帜，1920年10月从上海重返广州主政，革命蓬勃发展；另一方面，五四运动后的广州，各种新思潮广泛传播，各种新刊物如雨后春笋般涌现，掀起了一股宣传马克思主义和社会主义的热潮。在这种情况下，回到广州的陈公博在时代潮流的冲击下，开始接受和宣传社会主义学说。1920年10月20日，他联络同学和一些进步知识分子创办了以宣传新文化、新思想为宗旨的《广东群报》（以下简称《群报》），自任总编辑。《群报》一经正式发刊，便以崭新的面貌大张旗鼓地宣传社会主义新思想、新文化，在广东思想界引起巨大震动，受到进步人士普遍欢迎，为广州共产党早期组织的建立做了思想上和理论上的准备。1920年12月，陈独秀受聘广东教育委员会委员长之职来到广州，帮助广州方面建立共产党组织。在此之前，两名苏俄代表联络广州的无政府主义者建立了"无政府主义的共产党"。1921年3月，陈独秀与陈公博、谭平山、谭植棠等经过几次酝酿，组建了新的共产党组织，谭平山任书记，谭植棠管组织，陈公博负责宣传。此后，陈公博继续任《群报》主编，在陈独秀的指导下，开辟了许多专栏，宣传马克思主义。《群报》成了广东地区传播马克思主义的一个重要阵地。

　　1921年7月23日，中国共产党第一次全国代表大会在上海召开。陈公博经陈独秀提议被推举为广州共产党早期组织的代表。

在出席中共一大会议的13名代表中，陈公博的行踪显得与众不同。7月21日，陈公博从广州经香港到达上海。除上海代表李达、李汉俊各自住在上海家中之外，毛泽东等各地代表都以"北大师生暑期旅行团"的名义，住在法租界白尔路389号（今太仓路127号）博文女校的楼上。唯有出身豪门的陈公博住在南京路上第一流的大东旅社。尤为特别的是，陈公博还携新婚妻子李励庄以补度蜜月的名义一起来到了上海。

7月30日晚，会议受到法租界巡捕房的骚扰。折腾了两个多小时，租界巡捕没有找到任何证据，警告了几句便离开了。当晚10时过后，陈公博离开李公馆回大东旅社，不料一出门就发现自己被密探盯上了。他不敢径直回大东旅社。这时已是晚上10点多，陈公博装着很悠闲的样子，利用天黑人杂，在人群中绕了几圈，终于摆脱了密探，这才急匆匆闪进英华街，来到挂着"天下之大，居亚之东"对联的大东旅社。穿白上衣、黑长裤的茶房为他打开41号房间的房门，灯亮了，他的太太醒来了。他关紧房门，顿时出了一身大汗。他小声叫妻子把皮箱打开，取出了几份文件，然后倒掉痰盂里的水，把文件放在痰盂中烧掉。做完这些他才松了一口气，把刚才惊险的经历讲给妻子听。

旅社里闷热无比，加之陈公博内心不安，他始终无法入睡。下半夜，下了一场瓢泼大雨，凉风习习，陈公博总算得以安眠。然而，睡至天色微明，旅馆里突然响起一声枪响和一声女子的惨叫，吓得惊魂未定的陈公博跳了起来，打开房门一看，走廊上空无一人，只听得急雨打窗、狂风呼啸，他怀疑是否为一种梦境。及至上午9时，方有一茶房跑来说，隔壁房间的一女子被人杀死了。一昼夜间，各

1921年8月1日，上海《申报》刊登的《大东旅社内发现谋命案》文章

种经历使陈公博感到再也不能在上海停留了。他尤其担心如果有巡捕和侦探来侦查，说不定认出他就是昨夜在李公馆被侦查之人，会弄出莫名其妙的麻烦来。他找着旅馆总经理，利用广东同乡的关系，谎称"我隔壁出了命案，我太太非常惧怕，所以今日要去杭州一行，把所有行李暂存旅馆，等回来还要换一个房间"，骗过了经理，趁着巡捕和密探还没有"光临"，带着妻子匆匆离开了大东旅社。他先将妻子安顿在另外一家旅馆，自己跑去找上海代表李达报告昨夜的经过，并获悉经过昨天的变故，会议已决定暂停，另易地方，会期未定，陈公博决定当天下午便乘车去杭州。

几天后，陈公博夫妇返回上海，与旅日代表周佛海见面方知，当他们夫妇在杭州游山玩水之时，中国共产党第一次全国代表大会的最后一次会议已经在浙江嘉兴南湖的一艘游船上举行。陈公

博没能出席在嘉兴南湖船上的最后一次会议，回到上海后也只是与其他各位代表草草谈了两三次，便乘船回了广州。

陈公博人生的转折也由此开始，他做了中共一大的逃兵，接着，他又做了中国共产党的逃兵。1923年，他被开除党籍。抗战时期，陈公博追随汪精卫叛国投敌，在南京汉奸政府任立法院长；汪精卫死后，任代主席兼行政院长，成为中国第二号大汉奸。抗战胜利后，1946年6月陈公博在苏州监狱被处决。

党史小博士

《中国共产党第一个纲领》的佐证

1960年，美国学者韦慕庭在哥伦比亚大学图书馆里发现了陈公博的硕士论文《共产主义运动在中国》。《中国共产党第一个纲领》英文版和其他一些文件是作为附录文献出现在论文后面的。这为考证中共一大的档案资料提供了佐证。

（朱蓓靓　馆员）

曾任中央局代理书记的

周佛海

反复无常，三次叛变

周佛海，曾是中共一大代表、党的创始人之一和中共中央局的代理书记。中共一大会议后，他自行脱党，后成为蒋介石的亲信。抗战期间，他又叛蒋投日，成为汪伪政权的"股肱之臣"。在抗战胜利之时，他摇身一变，又变成了国民党的接收大员。

周佛海（1897—1948）作为旅日共产党早期组织的代表，出席中国共产党第一次全国代表大会，是众所周知的史实。但周佛海也曾任过党的中央局代理书记，这却是一个鲜为人知的史实。

中共一大会议期间，陈独秀虽被选为中央局书记，但他人在广州，尽管李达等人已迭电催促陈独秀回沪主持党的工作，但陈独秀一时难以抽身返回。被选为组织主任的张国焘和宣传主任的李达，根据党的一大"要特别注意组织工人，以共产主义精神教育他们"的决定而忙于工人运动，并忙于筹备建立人民出版社工

旅日共产党早期组织代表周佛海

作，无暇兼顾和处理党的日常工作。其他各地代表也都要及时回本地区传达贯彻落实中共一大会议精神，继续深入开展党的工作。而当时的旅日共产党早期组织除周佛海外实际上只有施存统一人，两人除了书信交流，平日也没有其他的活动。周佛海不用急于回日本落实中共一大会议精神。周佛海当时是日本第七高等学校的留学生，参加一大的时候正值学校放暑假期间，中共一大会议结束时，离开学还有一段日子，代表们预估在这段时间内陈独秀能返回上海，因此在陈独秀返回上海之前，代表们推选周佛海担任党的中央局代理书记，负责处理党的一切日常事务。

周佛海被推选为党的中央局代理书记还有一个重要的原因，那就是其本人在党内具有一定的影响力。周佛海在1920年暑假回国省亲的时候，到上海拜访了张东荪，并受其委托翻译克鲁泡特金的《互助论》。他经张东荪的介绍结识了陈独秀，并受陈独秀之邀加入了上海共产党早期组织。在日本留学期间，周佛海接触了较多的宣传马克思主义和社会主义的书籍，并为《民国日报》副刊《觉悟》、《新青年》月刊和《共产党》月

1930年10月上海商务印书馆出版的《互助论》

刊撰写和翻译了不少宣传社会主义和俄国十月革命的文章，其中最为著名的文章就是《我们为什么主张共产主义》。在中共一大会议中，他的表现也非常活跃，对于社会主义很有自己的见解，并且配合党的筹备工作。

周佛海在国内的活动引起了日本警察的注意，1921年秋他回到日本后，受到了监视。为了安全，他停止了一切活动。1922年3月，他选择了日本著名的马克思主义者河上肇任教的京都帝国大学深造，希望通过河上肇的指导从而进一步研究马克思主义。此后，他通过研究"唯物史观"和"经济学"得出在中国实行共产主义革命实在是"时机尚早"的结论，加上处境不安全，他对于共产主义的信仰开始动摇。

第一次国共合作后，国民党中央常委兼宣传部长戴季陶邀请周佛海回广州担任国民党宣传部秘书，这时的周佛海已不再参加共产党组织的活动。1924年9月，周佛海写了一封长信给广州党组织，要求脱离共产党，被批准。

1938年10月，奉汪精卫之命，周佛海与日本侵略者勾结，谋求"和平"勾当。同年12月，周佛海与汪精卫一起叛国投敌。1939年7月被国民党开除党籍。汪伪政权成立后，周佛海任伪财政部部长兼伪行政院副院长等重要职务。

太平洋战争爆发后，日本处于更加孤立的态势，世界局势发生重大变化。为了个人前途，他策划日本与蒋介石的和谈，请求自首。1944年汪精卫死后，周佛海接任上海特别市市长兼保安司令等职。1945年8月，周佛海被蒋介石任命为国民党军事委员会上海行动总队队长，负责维护沪杭一带的治安和秩序，保证国民党军队的全面接收。他向蒋介石表示："与其死在共产党之手，宁愿死在主席之前。"当国民党大批人马到达上海之后，周佛海便失去了利用价值。1945年9月30日，周佛海被押送重庆，次年9月押到南京。1946年10月21日，南京高等法院第一法庭对周佛海进行公审。11月7日，法庭以"通谋敌国、图谋反抗本国"罪行判处周佛海死刑，最终减为无期徒刑。1948年2月28日，周佛海病死于狱中。

探索小百科

汪伪国民政府

汪伪国民政府，又称汪伪政权等，是抗日战争期间以汪精卫（本名汪兆铭）等投靠日本的中国国民党党员为首建立的政权，其以"中华民国国民政府"为名，实际上是日本在侵华战争期间扶持的傀儡政权之一。

汪伪政府于1940年3月在日本的扶持下成立于南京，汪精卫担任该政权的"国民政府代主席"兼"行政院院长"，陈公博、周佛海、李士群为主要成员，1945年抗日战争结束后解散。

（陈佳琦　助理馆员）

身份颇具争议的一大代表
包惠僧

包惠僧的一大代表身份

在出席中共一大会议的代表中,包惠僧的身份颇具争议。他自认为是广东代表,当年一起参加会议的李达、刘仁静则始终否认他是正式代表。李达说"包是以新闻记者身份与会的",是"旁听";刘仁静则说他是"串门来的"。20世纪80年代始,学者们对此多有探讨。目前,权威党史著作认为包惠僧是陈独秀的指派代表。这中间有着什么样的缘由呢?

包惠僧(1895—1979),1895年1月15日出生于湖北黄冈东乡包家畈。在母亲的支持下,1900年入私塾上学。1908年考取了黄冈县最早的官立学堂——黄冈县高等小学堂,在学校里开始接触到国文、算学等新学。1912年考取湖北省立第一师范。1917年毕业后,被留在一师附小任教。半年后,回到家乡的一所小学任教。由于不满当地豪绅把持校务,包惠僧与豪绅多次发生冲突,

中共一大代表包惠僧

终于被他们戴上了要造反的罪名,无奈中只好逃到武昌寻找工作。一个偶然的机会,他成了《汉口新闻报》《大汉报》的外勤记者,通过赚取稿费维持生活。从此时到1921年前后,他以"雷""鸣"为笔名发表了几百篇报道,有对武汉学生五四运动的即时报道,有对湖北教育界贪污腐化的揭露,还有对鄂西军政府情况的动态追踪,等等。包惠僧把自己对国家忧患的沉思、对社会现状的不满透过笔尖在一篇篇报道中传递出去。

包惠僧发表的《我对于武汉劳动界的调查和感想》

1920年2月5日,陈独秀专程到武汉讲学。包惠僧怀着崇敬的心情,以记者身份前去采访,和陈独秀谈了个把钟头。陈独秀还给他讲读书、讲做人做事的道理。包惠僧尊重陈独秀的意见,没有把访谈写成报道发表,但谈话内容却从此烙在了他的心底,影响了他的人生航向。

1920年夏秋之交的一天,忽然有一个陌生人来找包惠僧。他自我介绍说是刘伯垂，是陈独秀介绍他来找包惠僧的，并详细说明了来意。原来，1920年6月，陈独秀等人在上海建立了共产党早期组织。刘伯垂在日本留学时曾和陈独秀结识，1920年，他从广州途经上海回湖北，在上海拜访老朋友陈独秀时，陈独秀吸收他参加了上海共产党早期组织，并让他回湖北找几位同志一起建立武汉共产党早期组织。包惠僧回忆起半年前与陈独秀的谈话，他二话不说，毫不犹豫就接受了邀请，与刘伯垂一起投入到武汉共产党早期组织的筹备中。1920年秋，包惠僧与董必武、陈潭秋、刘伯垂、张国恩等人一起在蛇山北麓的抚院街97号，即董必武、张国恩合办的律师事务所，成立了武汉共产党早期组织。包惠僧被选为书记，负责日常工作。

1921年农历新年前后，包惠僧带着两个青年团员一起来到上海，准备前往莫斯科留学。但是由于当时到海参崴的海路中断，留学无法成行。于是，包惠僧应李汉俊要求，留在上海与杨明斋一起负责教育委员会的工作，住在霞飞路新渔阳里6号的外国语学社里。

1921年5月，由于俄共（布）远东局符拉迪沃斯托克分局外国处全权代表维经斯基回苏俄汇报工作，上海共产党早期组织经济来源困难，恰巧五一节外国语学社又遭到了法国巡捕搜查，党的工作难以为继，于是，李汉俊委托包惠僧前去广州请陈独秀回上海主持工作。包惠僧到了广州后，陈独秀却说他工作繁忙，当前无法离开，反而要包惠僧留在广州。于是，在此后近两个月里，

20世纪20年代包惠僧使用过的眼镜

包惠僧参加了广州共产党早期组织的活动。大约在6月中旬，陈独秀召集广州共产党早期党员开会，包惠僧回忆说："接到李汉俊、张国焘等来信，临时中央在上海召集全国代表会议，第三国际、赤色职工国际也派来代表参加，要陈独秀回上海，要广州区派两个代表去出席。陈独秀因职务关系走不开，当时决定我同陈公博为广州地区的代表。行前陈独秀同我说：大会后你还是回武汉工作，你在武汉工作比较有作用些。"

包惠僧接受了任务，于1921年7月20日前后到达上海，先住进了新渔阳里6号，后来又迁到大会安排的代表住宿地点——博文女校。在会议中，包惠僧积极参与讨论，勇于阐述自己的观点。7月30日晚发生巡捕闯入事件后，包惠僧当晚又不顾危险，到李汉俊家探听情况。

中华人民共和国成立后，除李达、刘仁静两位中共一大代表不认可包惠僧会议代表的身份外，学者也对包惠僧的身份进行了广泛的考证。但是，不论包惠僧的身份是什么，可以明确的是，他自始至终参加了中共一大会议，是中共一大代表之一。

党史小博士

关于包惠僧出席中共一大会议的记录

李达于1957年3月18日在《关于包惠僧的代表问题复中国革命博物馆信》中说："包惠僧并不是由地方党组织推选到上海出席的代表。包惠僧当时是武汉小组成员，武汉党组织的代表是董必武、陈潭秋，包惠僧也到了上海，也住在大会代表的寓所，7月30日晚开会的时候，包也随代表开会去了，代表们也没去拒绝他，这是事实。"

刘仁静1979年6月在接受访问时回忆说："包惠僧是参加了会，但不是代表。包惠僧自己说他是广东的代表，我没有这个印象，我记得他是串门参加会的。党的一大没有正式手续，也没有区分谁是正式代表，谁是旁听列席代表。所以，包惠僧来参加会，也没有人不同意。"

（张玉菡　副研究馆员）

参加中共一大会议的共产国际代表
马林

最早向国际舆论介绍中国共产党成立的报道

1921年9月4日，荷兰《论坛报》刊载了一篇报道，题为《中共成立初期的情况》，文章发表时间距离中共一大会议结束只有一个多月。这也是截至目前发现的最早向国际舆论介绍中国共产党成立，从而让中共走向世界的文字。这篇报道是谁撰写的呢？他就是曾出席过中共一大会议的共产国际代表——马林。

俄国的十月革命对中国产生了深刻的影响，马克思主义在中国广泛传播。五四运动的爆发标志着中国人民的觉醒，一批先进的知识分子如李大钊、陈独秀、毛泽东等逐步转变成了马克思主义者。1920年8月，陈独秀等建立了上海的共产党早期组织，同年10月，李大钊等建立了北京的共产党早期组织。此后，武汉、长沙、广州、济南等地的先进分子以及旅日、旅法华人中的先进分子也相继建立了共产党早期组织。正当这些共产党早期组织酝

共产国际代表马林

酿建立共产党之时，马林来到了中国。

亨德立克斯·约瑟夫·弗朗西斯克斯·马里·斯内夫利特（Hendricus Josephus Franciscus Marie Sneevliet，1883—1942）是荷兰的社会活动家、反法西斯战士，也是中国近现代历史上最有影响的外国人之一。为了革命工作的需要，他曾用过马林（Maring）、孙铎（Sun-tuo）、倪恭卿（Gni Kong-Ching）等化名，中国人习惯叫他马林。1920年8月8日，共产国际执行委员会任命马林为代表，派遣他到上海协助建立中国共产党并开展民族独立运动。

1921年6月4日，马林抵达上海后，立即与上海的共产党早期组织成员李达、李汉俊接触，讨论中国革命和建党的有关问题，积极宣传马克思主义的革命学说和建党原则，帮助中国共产主义者统一思想认识，他从李达、李汉俊那里了解到"中国共产主义者已在陈独秀的领导下形成一个团体，这个团体在七八个城市有小组"并开展了一年左右的活动。因此，马林判断中国建党的条件已经具备，"应当召开全国代表大会，宣告党的成立"。对此，李达回忆说："马林由第三国际派到上海来，和我们接触以后，建议及早开会。"马林参与草拟党章、党纲，具体筹商让各地派代表来沪参加全国代表大会的事，积极筹备召开中共一大，并出席了大会。张国焘回忆说："六月下旬，预定到会的代表们都已到齐，立即便开始了大会的筹备工作。""我首先草拟了一个党纲草案，题名为：中国共产党成立宣言……马林看了这个文件，却提出了较严格的批评，表示这个草案在理论的原则上写得不错，主要缺点是没有明确地规定中共在现阶段的政纲。他指出这个文件表示中共将支持民主的民族革命，以期真正的民主共和国能在中国迅速建立起来，这是对的，但似乎没有说明如何实现的具体步骤。"

1921年7月23日，中共一大会议在上海召开，会上马林首先致词，对中共成立表示祝贺，并代表共产国际作了题为《第三国际的历史使命与中国共产党》的报告，还介绍了第三国际和列宁关于民族和殖民地问题的论述。中共一大代表包惠僧回忆："他对马克思、列宁的学说有精深的素养，他声若洪钟，口若悬河，有纵横捭阖的辩才……我们在他的词锋下开了眼界。"7月30日晚上，中共一大举行第六次会议，原定议程是由马林对会议讨论的各项问题发表意见，然后通过党的纲领和决议。晚上7时许，突然有一个陌生的中年男子从后门闯入会场，四下张望，代表们问他干什么，他含糊其辞地称要找社联的王主席，然后借口找错了地方，便匆匆溜走了。在李汉俊住宅旁边确实有个各界联合会，但是没有会长，也没有姓王的。马林凭借他在荷属东印度（今印度尼西亚）从事地下工作的经验本能地意识到来者不善，果断地作出停止会议、立即撤离的决定。大多数人立即离开，只有上海代表李汉俊和广州代表陈公博留在会场。代表们疏散后不过十几分钟，法租界巡捕便包围了会场。巡捕因为听了密探的报告，拼命追问刚才在这里开会的两个外国人是谁。陈公博回答说，那两个外国人是过去在大学读书时认识的外国教授,两年不见了,暑期里遇到随便聊聊,并不是来开会的。巡捕表示不相信,他们足足搜查盘问了两个小时,一无所获,才怏怏离开。李达后来回忆说:"当时真危险,如果没有马林的机警,我们就会被一网打尽。"由于会场遭到法租界巡捕的搜查,最后一天的会议转移到浙江嘉兴南湖的一艘游船上继续举行。马林是外国人,容易引起别人的注意,就没有出席最后一次会议。

在搜查过程中,为什么法国巡捕特别注意两个外国人呢?问题就出在马林身上。马林曾在荷属东印度从事革命活动而被殖民地当局驱逐出境。荷兰安全部门已经把他列入"黑名单",对他的行踪特别注意。1921年4月,他离开莫斯科前往上海。当他途经维也纳,当地警察局从他的签证上得知他的目的地后,就报告给奥地利和荷兰驻北京的公使馆。马林向奥地利政府当局领取来中国的签证时,被拘留6天,后来在朋友和律师的帮助下才获释。他被维也纳警察局驱逐出境,并被吊销了护照。奥地利政府还向他打算路过和要去的国家和地方联系,要这些国家和地方当局密切注意马林的动向。马林登上了一条名为"阿奎利亚"的远洋船,开始了东方之旅。荷兰当局得知马林可能到上海时,立即通知荷兰驻上海总领事馆,要他们监视马林的行动。帝国主义当局从他到达上海起,就对他进行严密监视。在上海,为了安全起见,马林使用了一个化名安德烈森,下榻于南京路东方饭店,后又住进麦根路(现淮海路)32号公寓。其间,荷兰驻沪总领事丹尼尔斯叫马林去登记,这样他就处于一种半公开的状况下。过了没几天,他又转移到汇山路(现霍山路)俄国人里亚赞诺夫家居住。但是,马林仍然没有摆脱租界当局对他的严密监视。由此可见,马林的行踪早已暴露,他到望志路开会,必然会引来租界巡捕。7月23日,中共一大会议开幕时,他出席会议并慷慨激昂地作了讲话。7月30日继续开会时,他又去参加,终于引来了法租界巡捕房的密探以及之后的搜查事件。

探索小百科

菊花砚

这方菊花砚,最早是罗章龙和高君宇在中国劳动组合书记部工作时使用的。中国劳动组合书记部是中共一大会议结束后成立的一个领导工人运动的重要机构,马林曾与罗、高二人共事。1993年马林女儿访问中国时,罗章龙把砚台送给了她。2009年马林后人将其捐赠给中共一大会址纪念馆。

(吴凡　副研究馆员)

"隐藏"了半个世纪的共产国际代表
尼克尔斯基

寻寻觅觅，女学者发现了尼氏的传奇一生

俄罗斯著名中国问题专家、俄罗斯科学院远东研究所研究员卡尔图诺娃曾接受一项任务：寻找中共一大参加者尼克尔斯基的生平材料和照片。尽管她多方努力，也找到了一些蛛丝马迹，却一直没有重大突破。直到1988年，卡尔图诺娃在俄罗斯联邦安全局中央档案馆的帮助下，终于揭开了尼氏的传奇经历。但尘封的档案资料里，却没有尼氏的照片。

1921年6月，一位俄国人风尘仆仆地赶到上海，一个月之后，他匆匆走进上海望志路106号，出席了中国共产党第一次全国代表大会并作了重要发言。之后的半个世纪里，他却如同迷雾般地消失了。他是谁？他就是鲜为人知却又极其重要的人物——曾出席中共一大的共产国际代表尼克尔斯基。

熟悉中共党史的人都知道，中共一大共有15位参加者，国内

共产国际代表尼克尔斯基

出席者 13 人，还有两位共产国际的代表：马林和尼克尔斯基。

然而在 2007 年之前，这 15 人中，其他 14 人的履历、照片和人生故事，都一清二楚，唯有尼克尔斯基，他的经历是个谜，他的模样更是个谜！在中共一大会址的展厅里，关于尼克尔斯基的介绍只有寥寥几句，没有照片，留下了一个遗憾的空白。

这块空白，一直是中共一大会址纪念馆的"心病"，因此解谜的努力也从未间断。早在改革开放前期，随着中苏关系正常化，中国有关方面多次通过外交途径，请当时的苏共领导人帮助寻找尼克尔斯基的照片，但一直没有结果。20 年后，中共一大会址纪念馆再次委托俄罗斯远东研究所的卡尔图诺娃博士帮助寻找。在查遍俄国各大档案馆后，最后她也只是找到一张尼克尔斯基在狱中被拷打折磨得痛苦不堪的照片，当然，这张照片是不适合放在中共一大会址纪念馆里展览的。原以为尼氏的照片恐怕是再难寻觅，没想到在中国共产党建党 86 周年前夕，寻找尼克尔斯基照片的事出现了新的转机。

原来，"尼克尔斯基"是军人出身的弗拉基米尔·涅伊曼·阿勃拉莫维奇的化名。1921 年 6 月，他作为共产国际远东书记处的代表，来到上海，与另一位共产国际代表马林会合，之后参加了中共一大会议。1938 年，他因莫须有的"间谍罪"被捕，很快便被枪决。1956 年，苏联最高法院军事委员会为他平反昭雪。尽管尼克尔斯基的生平渐渐浮出水面，但因为找不到照片，他的面貌仍然模糊不清。

2007年6月29日，一个闷热的黄梅天，一位来自俄罗斯的参观者、远东国立大学历史学教授阿列克赛·布亚科夫，要求面见中共一大会址纪念馆的领导，声称手头持有尼克尔斯基的照片……中共党史界找了半个世纪的照片，这位俄罗斯教授怎么会有？他又是如何找到的呢？

这还得从2006年阿列克赛初到一大会址参观开始说起。当时，同胞尼克尔斯基留下的那片"空白"，给他带来某种震撼，他决定要把尼氏照片找到并送给中国。

回国之后，阿列克赛先后向尼克尔斯基工作过的数个边疆地区的档案馆致函查询，均无所获。他说，为了查找涅伊曼的材料和照片，他先去了滨海边疆区国家档案馆，在那里找到了涅伊曼的党证，但是上面的照片没有了，显然是被人故意拿掉了。于是，他又到伯力边疆区国家档案馆，因为那里保存有较多的俄罗斯人在远东的移民的材料，但是什么也没有找到。

强烈的责任心令他辗转反侧。怎么办？真的找不到了吗？难道就这么放弃吗？不！只要还有一丝希望，就决不放弃！他抱着试试看的心理，给莫斯科的俄罗斯联邦安全局写信，请求协助找到有关俄罗斯在远东地区移民的相关资料。不久收到回信告知：莫斯科这里没有这类档案，建议到俄罗斯联邦安全局鄂木斯克州联合档案馆查查看。

于是，这位执着的俄罗斯教授去了鄂木斯克市，费了一番周折办理了进入该档案馆的特殊通行证。在这个档案馆里，他几乎

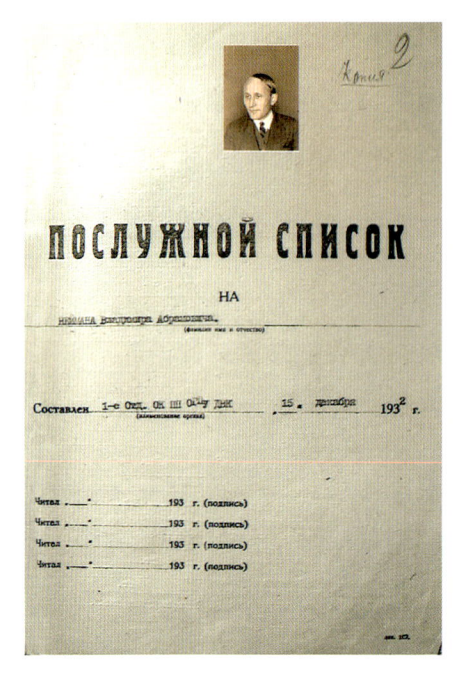

尼克尔斯基履历表封面　　尼克尔斯基档案封面

是全天泡在与尼氏可能有关的档案里，从浩如烟海的故纸堆中一本一本地查找，一页一页地翻阅，就在即将绝望之际，他终于翻到了涅伊曼的人事档案，有40～50页之多，其中的人事档案中的履历表封面上有涅伊曼的照片。据阿列克赛回忆，涅伊曼的档案材料是独立装订的，分为四个部分：1923年、1928年、1932年和1935年，里面包含有涅伊曼自己填写的履历表、自传材料和工作汇报，苏联安全局对他的考核评语以及后来对他的审讯记录和证词等。阿列克赛说，他大致记得档案材料上的一些内容：涅伊曼1920年加入国家安全部，作为共产国际远东书记处的代表在中国东北工作。1920—1921年到过上海，1933—1935年又到上海工作，曾经化名尼克尔斯基，还做过一段时间的与日本共产党的联系工作。回国后，因涉嫌托派问题和日本间谍嫌疑被苏联当局杀害，后来恢复名誉。

征得管理人员的许可后，他用照相机拍下了涅伊曼履历表上的照片，他兴奋得彻夜难眠，赶紧收拾行囊，奔赴上海……

阿列克赛提供的照片，真的是尼克尔斯基吗？会不会是孤证呢？想不到时隔两个月，"孤证"便不孤了。一位蒙古国学者也

探索小百科

共产国际

亦称"第三国际"。全世界共产党和共产主义组织的国际联合组织。1919年3月2日至6日在莫斯科召开成立大会。总部设在莫斯科，各国共产党是它的支部。共有57个支部。第一次世界大战后，第二国际陷于破产，列宁为团结各国的革命左派而建立。它的任务是宣传马克思主义，团结各国工人阶级和广大劳动群众，从运动中清除机会主义和社会爱国主义的腐蚀性的渣滓，为推翻帝国主义和资本主义统治，建立无产阶级专政，消灭剥削制度而斗争。1920年7月召开的共产国际第二次代表大会，通过了《共产国际章程》和《加入共产国际的条件》，从组织上保证各国按照俄共（布）模式建党和开展活动。其机关刊物是《共产国际》和《国际新闻通讯》。领导人先后有列宁、季诺维也夫、布哈林、季米特洛夫等。在中国革命进程中，共产国际给予过帮助和支持。

声称找到了尼克尔斯基的照片,可与阿列克赛提供的照片对照判断。经比对,在蒙古国学者提供的两张照片中,有一张与阿列克赛提供的完全一样,另一张是新发现的,是尼克尔斯基在20世纪20年代的英姿——这离他出席中共一大会议的时间更近。

  一个历史的悬案终于解开了!那片长达半个多世纪的历史迷雾被轻轻拨开,那个让人叹息的醒目的空白已不复存在。如今,尼克尔斯基的照片已挂在了中共一大纪念馆的展厅,这也使中国共产党的创建史更加完整。而这位化名为"尼克尔斯基"的共产国际的代表,以深邃的目光、和蔼的微笑,正向我们缓缓走来。

(杨宇 副研究馆员)

第四部分

红色起点颂华章

——守护精神家园

1921年的盛夏，从上海石库门里走出来的伟大政党，让中国人民看到了希望，迎来了曙光。温故而知新，我们回望和梳理发生在这里的故事，是为了引发思考和启示，是为了唤起人们牢记历史，告慰先辈。

2017年的秋日，党的十九大闭幕仅一周，习近平总书记就带领中央政治局常委集体瞻仰中共一大会址，回顾建党历史，重温入党誓词，宣示新一届党中央领导集体的坚定政治信念。

中国共产党为什么行？世界充满好奇。习总书记说："为了实现中华民族伟大复兴的历史使命，无论是弱小还是强大，无论是顺境还是逆境，我们党都初心不改、矢志不渝，团结带领人民历经千难万险，付出巨大牺牲，敢于面对曲折，勇于修正错误，攻克了一个又一个看似不可攻克的难关，创造了一个又一个彪炳史册的人间奇迹。"是的，只有不忘初心，才能继续前进。

唤醒青年　余音不绝
陈独秀与《新青年》

"德先生"和"赛先生"

今天我们谈到新文化运动，谈到"德先生"（Democracy，民主）和"赛先生"（Science，科学），就会自然而然地想到陈独秀和他创办的《新青年》杂志。那么，陈独秀是在什么情况下创办《新青年》杂志的？这本刊物又对处于旧民主主义革命向新民主主义革命转折的中国，产生了怎样的影响？

陈独秀（1879—1942），字仲甫，安徽怀宁（今安庆）人，早年也曾应试科举，后来认识到科举制度的腐败，一度拥护戊戌变法。1901年以后，陈独秀三次留学日本，在那里，他接触到资产阶级人权思想、西方自然科学以及一些社会主义思想，结识了许多同道中人，积累了丰富的人脉资源。陈独秀首次涉足纸媒，是在1903年8月协助章士钊编辑《国民日日报》。次年春，陈独秀从上海回到安庆创办《安徽俗话报》，也由此开启了他独立办报的历史。1913年，孙中山等革命党人领导的"二次革命"失败后，中国时局的变化使陈独秀深受刺激，他认为在中国搞政治革命没有意义，而欲"救中国、建共和，首先得进行思想革命"，是时候在中国创办一份传播爱国民主科学思想、观点明确、风格独树一帜的革命杂志了。

1915年6月，从日本回国的陈独秀恳请他的好友、上海亚东图书馆经理汪孟邹帮助创办刊物，汪孟邹后来回忆说："民国四年（一九一五年）仲甫亡命到上海来，他没有事，常到我们店里来，他想出一本杂志，说只要十年、八年的功夫，一定会发生很大的影响，叫我认真想法。我实在没有力量做，后来才介绍他给群益书社陈子沛、子寿兄弟。"经过不懈努力，1915年9月15日，由陈独秀主编的《青年杂志》在上海创刊，创刊之初计划每月1期，每期1号，每6号为一卷，刊物的印刷、出版及成本由群益书社承担，陈独秀负责编辑，他在上海法租界嵩山路吉谊里21号的家，也就成了编辑部所在地。

1916年1月，群益书社接到上海基督教青年会来信，信上说该杂志同青年会杂志《青年》《上海青年》同名，要求《青年杂志》改名，于是自第二卷起《青年杂志》改为《新青年》。

1917年1月，陈独秀应邀担任北京大学文科学长，《新青年》编辑部随之迁到北京，办公地点在东华门外箭杆胡同，此时编委会经过改组，由李大钊、钱玄同、刘半农、胡适、沈尹默、高一涵、周作人轮流编辑，不久鲁迅也加入到编辑队伍当中。尤为值得一提的是，《新青年》在迁到北京之前，每期发行量不过1000份，迁至北京后，1917年每期发行量就猛增至15 000—16 000份。1918年1月，《新青年》从第四卷第一号起实行改版，改为白话文，使用新式标点，推进了以新白话文唤醒民众的文学革命。1919年6月，陈独秀因在北京城南新世界游乐场散发《北京市民宣言》遭北洋政府逮捕，此时，胡适在中国思想界挑起"问题与主义"的论争，反对社会革命，并想自己一个人来主编《新青年》月刊，以改变《新青年》月刊日益激进的面目，此举遭到鲁迅的极力反对。

《青年杂志》第一卷第一号

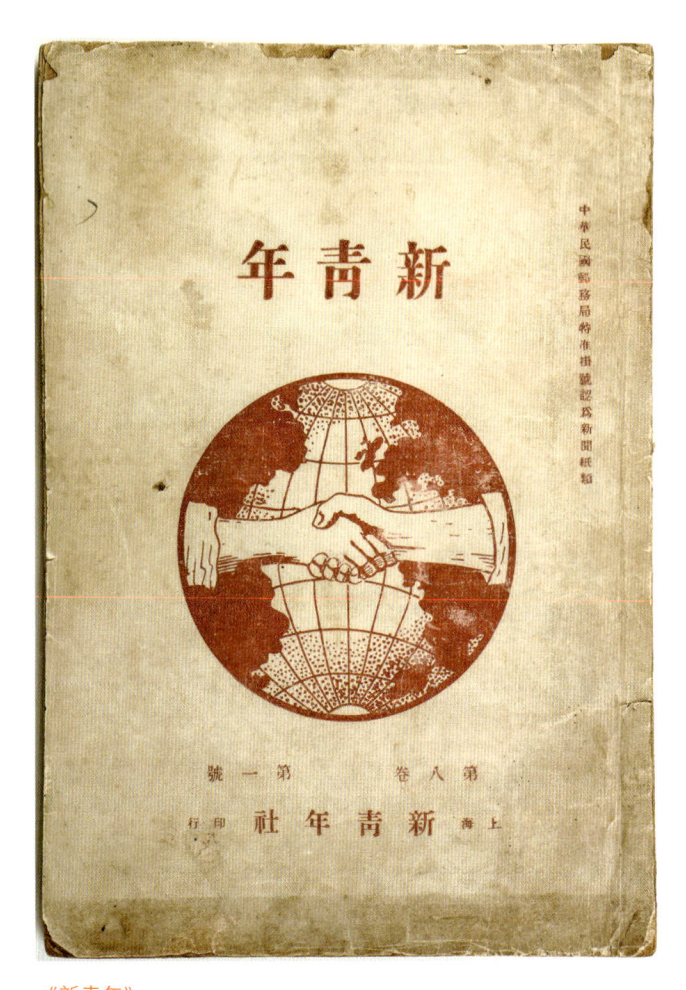

《新青年》

要想从根本上改造中国，还需要有文化的觉醒和思想的启蒙。1915年9月，陈独秀在上海创办《青年杂志》，1916年更名为《新青年》，在思想文化领域掀起以民主、科学为旗帜的新文化运动，吹响了思想启蒙的号角。

同年9月中旬，陈独秀出狱后，便召开刊物编辑人会议，会上大家同意鲁迅的意见，即《新青年》月刊仍由陈独秀一个人主编，于是从1919年12月1日第七卷第一号起，《新青年》月刊就由陈独秀主编。

1920年2月中旬，陈独秀从北京回到上海，居住在法租界环龙路老渔阳里2号（今南昌路100弄2号），《新青年》编辑部也从北京转移到上海。北京的经历使陈独秀的思想日益成熟，尤其是俄国十月革命后，陈独秀开始积极研究马克思主义，并着手筹建无产阶级政党的工作，这一时期的《新青年》杂志，实际上已经成为上海共产党早期组织公开出版的机关刊物。

1920年年底，陈独秀应陈炯明之邀前往广州任职，离沪前他将《新青年》托付给陈望道主编，但杂志不久遭到法租界查禁，被迫转移至广州。1921年9月，陈独秀由广州回到上海，主持中共中央工作，《新青年》也随之迁回上海。10月4日下午，法租界巡捕房查抄了《新青年》编辑部，拘押了陈独秀等人，后经马林、孙中山的营救，陈独秀等人被保释。《新青年》杂志于1922年7月出至九卷六号停刊。1923年6月《新青年》恢复出版，改为季刊，并作为中共中央正式理论性机关刊物。自1925年4月起，出不定期刊，共出5期，1926年7月最终停刊。

陈独秀是新文化运动的倡导者，是中国共产党的创始人和早期的主要领导人之一，他创办的《新青年》杂志作为新文化运动的中心与策源地，对当时的中国社会产生了深远影响。在《新青年》

搭建的思想平台上，陈独秀等一批接受过西方新式教育的知识分子，对腐朽、落后的封建礼教进行猛烈抨击，不仅启发了人民的民主觉悟、推动了科学理念在中国的发展，使彻底反封建的新文化运动演变成席卷全国波澜壮阔的思想启蒙运动，更重要的是，在《新青年》带领下，一大批"新青年"逐渐成为新文化运动的骨干、五四运动的领袖、马克思主义在中国传播的先驱。后期的《新青年》开始大量介绍马克思主义著作和国际无产阶级革命运动的经验，这与陈独秀自身敏锐的洞察力、勇于追逐时代潮流并积极向马克思主义转化是分不开的。

探索小百科

《新青年》编辑部与中国第一个共产党组织

1920年8月陈独秀等在老渔阳里2号《新青年》编辑部正式成立上海共产党早期组织，这是中国第一个共产党组织，成员有沈玄庐、杨明斋、李达、邵力子、沈雁冰、林祖涵、李汉俊、袁振英、沈泽民、李中等，陈独秀为书记。老渔阳里2号《新青年》编辑部是办公场所，陈独秀常在此开会，研究商量工人运动和党务活动。同年12月陈独秀受聘广州教育委员会委员长，《新青年》由陈望道负责编辑工作，沈雁冰、李达、李汉俊仍留在老渔阳里2号负责工人运动和党务工作。

（黄艳　助理馆员）

叱咤风云　指尖回响
李大钊用过的英文打字机

"铁肩担道义，妙手著文章"

这副对联最早是明朝杨继盛写的，下联原为"辣手著文章"。1916年9月李大钊在为亲友杨子惠书写这副对联的时候，将"辣"字改成了"妙"字，这一字之改使它有了很大的变化。铁肩所担的道义是民族解放之事业，实现社会主义的国家大业；妙手所著的文章是为实现大目标行动所采取的原则纲领、政策和策略，以及具体的行动内容和计划。

在中共一大纪念馆展厅里，陈设着一架黑色的打字机，在悠悠的冷光灯下，闪耀着历经沧桑的光泽，键盘上似乎尚留存着指尖的余纹。别小看这架老式打字机，在历史的风雨岁月中，它曾经先后为两位伟人——孙中山和李大钊服役立功，牵系着他们救国救民的夙愿和革命事业。

这架老式"CORONA"牌英文打字机长28.5厘米，宽25厘

李大钊借用过的打字机

米，高 12 厘米。黑色的机身配上金色艺术花体字样，显得尤为典雅大方。与同时期普通的打字机需要 2000 甚至 3000 个零件相比，这架打字机仅由 692 个零件组成，更为简便。打字机外与一只手提木箱相连，关闭时外形就像一只小手提箱。这是厂方为了避免在运输过程中受损，特意配置的木质外壳。因此，虽然历经风雨，木壳残破，但机身依然十分完整。

打字机系吴弱男在英国购买。吴弱男，1886 年生，安徽省庐江县南乡沙湖山人，"清末四公子"之一吴保初的爱女，著名爱国人士章士钊的夫人。在父亲的影响下，年方 14 岁的吴弱男就去日本求学，入青山女子学院，成为中国最早留学日本的女学生之一。在日留学期间，吴弱男深感中国妇女受压迫深重，追求女权，决心参加革命，1905 年加入同盟会，深得孙中山的信任。在中国同盟会成立前后，吴弱男已小有名气，加入同盟会后，与孙中山接触较多，受其教育，革命认识有了很大提高。1905 年 11 月，孙中山创立中国同盟会机关刊物《民报》后，英语娴熟的吴弱男担任了他的英文秘书。就是用这架从英国带回的打字机，吴弱男为孙中山打印了许多英文函件。二次革命期间，孙中山那些铿锵有力、义正词严的讨袁檄文，也有不少是吴弱男用这架打字机打印出来的。1913 年 8 月，孙中山在日本东京召集同盟会会员大会，发表演说，痛斥袁世凯。会后，孙中山请吴弱男将所发表的演说用这架打字机打印成英文电报稿，并嘱以吴弱男的名义发表在伦敦《泰晤士报》上，以唤醒国内外人士认清袁世凯的嘴脸。可以看出，这架打字机虽小，但却是孙中山先生革命活动的一个重要历史见证。

后来，这架打字机又与李大钊结下了不解之缘。早在1914年，李大钊在日本留学期间，借着《甲寅》杂志这一桥梁，见到了景仰已久的著名学者章士钊，随后，与章夫人吴弱男结识。在长期的交往中，他们结下了深厚的友谊。在日本时，李大钊大概每月见章士钊一次，有时便留在他家共同进餐。回国后，李大钊任北大图书馆主任也是章士钊推荐的。由于两个家庭关系密切，李大钊叫女儿李星华认吴弱男为干妈，李大钊本人则是章家三个公子章可、章用、章因的家庭教师。后章士钊与李大钊因政治思想等方面持论不同有所疏远，但吴弱男与李大钊及其子女间的交谊却一如既往。李大钊英勇就义后，吴弱男立即赶赴长椿寺吊唁慰问。1927年5月1日北京《晨报》的新闻报道："又闻连日往慰问者，有章士钊夫人吴弱男女士及教育界同事。章夫妇与李为文字之交，当民国四、五年时，李为文极模仿章，且常为《甲寅》作文，李之

党史小博士

李大钊就义

1927年4月6日，奉系军阀张作霖勾结帝国主义，闯进苏联大使馆驻地，逮捕了李大钊等80余人。被捕后李大钊备受酷刑，在监狱中，在法庭上，他始终大义凛然，坚贞不屈。4月28日，反动军阀不顾广大人民群众和社会舆论的强烈反对和谴责，悍然将李大钊等20位革命者绞杀在北京西交民巷京师看守所内。李大钊第一个走上绞架，从容就义，时年38岁。

次女亦拜章夫人为谊母，可见交情甚为亲密。"

正是因为私交甚好，1925年秋天，为了和苏联大使馆联系工作，李大钊向吴弱男借用这台打字机长达一月之久。借助这台打字机，李大钊打印了不少党的秘密文件，并与共产国际和苏联驻华代表进行了密切联系。李大钊就义后，为了怀念李大钊，吴弱男一直精心保存着李大钊送给她的签名照、

1919年李大钊赠吴弱男亲笔签名照

书信等，当然也包括这台先为孙中山服役、后被李大钊借用过的打字机。1964年7月，吴弱男把它捐献给了中共一大会址纪念馆，以期让更多的人了解它背后那不平凡的历史。1995年11月，国家文物局全国一级革命文物鉴定专家组对其进行鉴定后认为：孙中山和李大钊用过的打字机是吴弱男长期保存下来的。吴弱男是早期同盟会会员，曾与孙中山和李大钊关系密切。根据有关史实，可以证明这架打字机具有重要的历史意义。因此，这架打字机被确认为国家一级文物。

（张玉菡　副研究馆员）

山穴秘藏　廿载春秋
张人亚及其保存的珍贵革命文献

镇馆之宝·传世之著

在中共一大纪念馆的展厅中,有一本蓝色封面的《共产党宣言》格外引人注目,封面上有方形图章,它被誉为纪念馆的"镇馆之宝"。

2011年,在中共一大会址纪念馆举办的"上海红色之源"文物史料展中,有7本红色书刊又一次引起人们关注,稍加注意便能发现,这些书刊的封面都敲有同一个方形图章,为"张静泉(人亚)同志秘藏山穴二十余年的书报"。张静泉是谁?图章的背后又藏着什么故事呢?

张静泉,1898年出生在浙江省宁波霞浦镇,在家里排行老二,16岁时为谋生到上海凤祥银楼当金银首饰制作工,1921年加入上海社会主义青年团,随后加入共产党,是上海最早的21名工人党员之一,并出任上海金银业工人俱乐部主任,领导工人积极投身反帝反封建的革命斗争。为了革命,他把自己的名字改为"人亚"。

张人亚成为中共早期党员之一并不是偶然的。在上海这个冒险家的乐园，张人亚目睹了中外反动势力是怎样欺压中国人民、镇压中国人民的反抗斗争的；从进步书刊和身边的革命志士的言行中，他接触到一些先进的革命思想，萌生了一些革命要求。与此同时，他超出一般工人群众的文化水平和思想觉悟，也引起了革命组织的关注。1921年，他先后被上海社会主义青年团和中共组织吸收为成员。从此，他开始了以社会职业为掩护的革命生涯。张人亚先后担任上海金银业工人俱乐部主任、中国社会主义青年团上海地方执行委员会书记、中共江浙区委宣传部分配局负责人等多个职务，拥有并保存了一批珍贵文件、书刊。

1927年大革命失败后，白色恐怖笼罩着上海，张人亚最先想到的是身边这些文件、书刊的安危，

张静泉（张人亚）

党史小博士

社会主义青年团

1920年8月，中国共产党早期组织首先在上海领导成立了社会主义青年团，这是中国共青团的前身。1922年5月15日，在党的直接领导下，中国社会主义青年团在广州召开第一次全国代表大会，成立了全国统一的组织。1925年1月，在团的第三次全国代表大会上，决定将中国社会主义青年团改名为中国共产主义青年团。

它们既不能让国民党搜去，也不能轻易付之一炬，怎么办呢？

  1928年冬的一天，张静泉突然回到宁波霞浦老家，对父亲张爵谦说，他在上海的住所要搬迁了，请求父亲将他带回来的一批书刊和文件收藏好。张爵谦问他藏到何时，他答道：到时再说。交代完毕，张静泉当天就离家走了。张爵谦没有向任何人说起二儿子回来的事，邻居们都不知情。到了傍晚，张爵谦拎着一大包东西，向菜园里停放着张静泉早逝妻子棺材的地方走去。隔了几天，张爵谦对邻居悲切地说，他的二儿子长期在外不归，恐怕早已不在人世，于是就在镇东的长山岗上，为张静泉和他早逝的妻子修了一座合葬墓，张静泉一侧是衣冠冢，安放的是藏有他带回来的书刊文件的空棺，老人把张静泉带回去的那一大包文件、书

张静泉衣冠冢

刊用油纸裹好藏进空棺，埋在墓穴里。从此，张爵谦守着这份秘密，独自默默地等待着寄予厚望的儿子回来开棺取书。

1929年7月，身兼中国革命互济会工作的张人亚被党分配到外地工作，离开了上海。张人亚这回承担的，仍然是党的秘密工作。党根据张人亚的自身优势，让他在安徽芜湖这个长江边上的大码头，又是中共安徽临时省委驻地的地方，开设了一间金铺子。金铺子表面上从事金银首饰的来料加工及成品销售工作，暗地里却接收苏区送来的金银，并将它们设法兑换成现洋及钞票，再交给上海的党中央。这又是一桩极其危险的"买卖"，张人亚依然出色地完成了任务。

也许是山河阻隔、赤白对立，也许是战争年代讯息难通，张静泉的消息始终没有传到他的家乡。事实上，自从1928年冬他回老家一次后，家人就再没有见过他，只是从他给家中捎来的一封信得知他已到了苏区。张静泉的父亲张爵谦就这样一直等、一直盼，等他、盼他回家。1949年5月，上海解放。过了一个多月，还没有二儿子的音讯，老人便要三儿子张静茂在《解放日报》上登寻人启事，寻找张静泉。又过了几个月，仍无音讯。张爵谦这才将21年前的事告诉三儿子，并回乡从长山岗张静泉衣冠冢的空棺中，取出当年二儿子带回的党的文件、书刊，连同一直挂在老人卧室的"上海金银业工人俱乐部成立大会"的合影照片，让张静茂一起上交给人民政府。其中仅著作、杂志就有几百本。张静茂在捐献的书籍封面上加盖了刻有"张静泉（人亚）同志秘藏山

盖有紫色图章的《共产党宣言》中文全译本

穴二十余年的书报"字样的长方形印章，以志纪念。

又是半个世纪过去，2005年，张家的后人终于等到了亲人的消息。他们从江西瑞金中央革命根据地的历史文献中得知，1932年，张人亚从上海来到中央苏区，担任中华苏维埃共和国中央工农检察委员会委员、中央出版局局长等重要职务。这一年的12月23日，因积劳成疾，年仅34岁的张人亚不幸逝世。

张人亚留下的中共早期会议文件和出版物十分珍贵，它们已被国家博物馆和上海的中共一大纪念馆永久珍藏。其中列为国家一级文物的就有14件。这些珍贵的革命文物向人们默默讲述着那段革命的岁月，纪念着那些为革命献出生命的可敬的人，成为革命信仰传承的最好见证。

（沈蔚 馆员）

几经波折　终复原貌
中共一大会址的找寻与复原

寻找红色起点

上海兴业路76号是一栋融汇了西方文化和中国传统的近代石库门建筑，它不仅见证了近一个世纪以来上海风云变幻的历史，更重要的是它见证了中国近代史上开天辟地的大事变——中国共产党的诞生。

如今，中共一大会址已是全国重点文物保护单位、全国爱国主义教育示范基地、国家国防教育基地和全国廉政教育基地。那么，这栋饱经沧桑的石库门建筑是如何被发现并被保护起来的呢？

1921年的一个夏夜，上海兴业路76号，就在这个具有异域风情的石库门建筑里，13个衣着各异、口音不同的中国年轻人，以及两位远道而来的外国人，在一个不到18平方米的房间里召开了中国共产党第一次全国代表大会，宣告中国共产党正式成立，一个新的革命火种在沉沉黑夜的中国大地上点燃起来了。

新中国成立后，为迎接建党30周年纪念日，中共上海市委非常重视对中共一大会址的调查勘实工作，指示市委宣传部负责进行调查。时任市委宣传部副部长的姚溱具体负责这项工作。1950年秋，姚溱找到上海市文化局社会文化事业管理处处长沈之瑜和宣传部干部杨重光具体落实。这两人都在上海生活和工作，熟悉上海的环境，由他们负责比较容易找寻相关线索。

沈、杨两位同志接受这一任务后，十分重视，立即全身心投入寻访工作。他们以萧三所著《毛泽东同志的青少年时代》一书为线索，认为党的第一次全国代表大会召开地点是上海法租界蒲柏路（当年叫白尔路，现为太仓路）的博爱女子学校，但经过走访，蒲柏路上的居民都没听说过有这个学校，后来有老居民告诉他们，附近有一所博文女校，地址在蒲柏路127号。沈之瑜又从上海市公安局局长扬帆那里了解到，周佛海的儿子周之友（原名周幼海）就在他手下工作。这样，周之友向沈之瑜等提供了寻找中共一大会址的重要线索：第一，他的母亲杨淑慧现在在上海，召开中共一大会议期间，周佛海曾带她去过开会的那座房子，也曾叫她往那里送过信；第二，周佛海写过一本《往矣集》，书中谈及出席中共一大会议的情形。

顺着这一线索，沈之瑜、杨重光他们在周佛海自传《往矣集》里找到了一篇文章《扶桑笈影溯当年》，里面记载有："我和毛泽东等三四人，住在贝勒路附近的博文女学楼上。当时学生放了暑假，所以我们租住。"于是可以肯定，博爱女校应是博文女校，杨重光等立即向宣传部领导汇报，说已经找到中共一大会址,并根据其他调查资料,认为"党的成立大会即是在该校楼上,于一九二一年七月一日晚间秘密召开的","这一点已有百分之九十九的正确性"。其实,周佛海的这段文字,下面还有几句话,其中提到"在贝勒路李汉俊家,每晚开会。马令和吴庭斯基也出席"。可能是寻访者先入为主的缘故,将这一重要信息忽略掉了。

市委宣传部在收到杨重光等的汇报后,指示他们将博文女校的照片送到中宣部,呈报给毛泽东、董必武等参加过一大会议的成员查看。到北京后,已经获知最新情况的中宣部领导明确告诉他们,博文女校并非一大会址,而是毛主席等一部分代表寄宿之处。一大会议地址,应为原法租界贝勒路(1943年起更名为"黄陂南路")李汉俊寓所,但具体位置和门牌号不详,希望他们回沪后仔细寻找。

经中宣部介绍,杨重光等人拜访了在农业部任职的李书城和在内务部任职的包惠僧等。他们都提供了当时开会地点的情况,也都证实了一大是在李汉俊寓所举行的事实。李书城还告诉他们,当时他和李汉俊住在一起,地址是在贝勒路树德里弄底的最后两幢房子,最末一间是他自己住,最后第二间是李汉俊住。这样,寻访的目标就很清楚了。

回上海后,沈之瑜和杨重光等根据从北京获悉的线索,再次进行实地查勘,确认贝勒路树德里就是靠近兴业路的黄陂南路树德里。贝勒路树德里弄底的两幢房子,正门在兴业路,门牌号是76、78号(原望志路106、108号)。按上海人的习惯,一般不从石库门房子的大门进出，而是从后门出入，因为望志路106号的后门在贝勒路树德里，所以当事人大都只记得贝勒路树德里。

寻访人员又找到了房东陈老太，了解到这排房子兴建于1920年夏秋之间，沿马路共有五幢，即望志路100、102、104、106、108号（今兴业路70、72、74、76、78号）。望志路106、108号这两幢房子被一位姓李的先生租住后，人称李公馆。为了走动方便，租户把隔墙打通了。这一信息与杨重光等从北京了解到的情况比较吻合。但亲历一大的另一位代表李达认为当时大会是在"贝勒路某里二号的过街楼上"举行的，而这两幢房子都没有过街楼。寻访人员想到了周佛海的妻子杨淑慧还在上海，当年

中共一大会址外景

第四部分　红色起点颂华章

她曾去过李汉俊家，请她去实地查看应该会有所帮助。

时过境迁，当年的"李公馆"已面目全非，头一天杨淑慧来到贝勒路一带，竟没有找到当年的记忆。后来，杨淑慧又来到"贝勒路"，仔细寻访查看，终于发现白墙上刷着个巨大的"酱"字以及砌着"恒昌福面坊"招牌的房子，很像是当年的李公馆……进入房内，她似乎很快记起了当年的情景，能说出哪间是李书城的客堂，哪间是李汉俊的书房，还记得当时房间内的家具陈设。寻访人员来到望志路106号厢房楼上，发现厢房的确很像过街楼，这与李达所回忆的相吻合。

原来，李书城搬走后，房东对这排房子进行了改建，开设万象源酱园店和恒昌福面坊，砌高了外墙墙壁，将清水墙改为混水墙；内部也进行了改建，望志路106、108号变成两上两下有厢房的房子，即将106号天井改成厢房，仅留108号大门。恒昌福面坊即设在106号。东面100、102、104号也打通改为三上三下有厢房的结构，这里开设万象源酱园店。

1951年6月，上海方面确认"兴业路七十六号系当时的会址，此处当时是望志路一零六号，后门由贝勒路（黄陂南路）树德里出入"。至此，党的第一次全国代表大会召开的地址，终于寻获并得以证实。7月，上海市政府遵照中央的指示精神开始搬迁会址内的居民，而后对其进行复原修缮并作加固，铲掉了外墙上的"恒昌福面坊"五个字，旁边的白色粉墙上画着的大大的"酱"字也消失了，混水墙变成了清水墙，露出了"李公馆"的本来面目，

1951年中共一大会址修缮前拍摄的外景

室内按照亲历者的回忆布置。

1952年9月，经上海市委宣传部审查同意，中共一大会址开始内部开放，接待一些外宾和领导参观，当时被称为"上海革命历史纪念馆一馆"，1968年改名"中国共产党第一次全国代表大会会址纪念馆"。

（王长流　副研究馆员）

挥毫泼墨　伟人丹青

邓小平为中共一大会址纪念馆题写馆名

一代伟人题写馆名

现在，在黄陂南路374号的中共一大会址纪念馆的出口处，每一位参观者都可以看到悬挂在门口右侧的金字馆牌，上面镌刻着19个遒劲有力的大字："中国共产党第一次全国代表大会会址纪念馆"。这是1984年3月邓小平同志为中共一大会址纪念馆亲笔题写的馆名。

中国共产党第一次全国代表大会会址，简称中共一大会址，是中国共产党的诞生地。会址位于上海市兴业路76号（原望志路106号），是一幢沿街砖木结构一底一楼旧式石库门住宅建筑，坐北朝南。

中共一大会址历经漫长的岁月，中共一大会址纪念馆也同样有着一段悠久的历史，馆名经历了数次变更。

1950年夏末，为迎接建党30周年纪念日，中共一大会址的

上海革命历史纪念馆

1956年董必武亲笔题写的馆名

调查勘实工作提上了日程。1951年4月，查实了兴业路中共一大会址、南昌路中央工作部旧址、太仓路中共一大代表宿舍旧址这三处中国共产党创建时期的旧址。10月8日，中共上海市委决定将这三处旧址分别设为上海革命历史纪念馆第一、二、三馆。此后，均使用"上海革命历史纪念馆"之名，实行内部开放。1952年1月，上海革命历史纪念馆筹备处（简称"上革筹备处"）和上海市革命历史纪念馆管理委员会成立，设计并领导上海革命历史纪念馆的工作。1956年2月12日，时任最高人民法院院长的中共一大代表董必武来馆视察，为本馆题词"作始也简，将毕也巨"，同时还为上海革命历史纪念馆题写了馆名。

直到1967年3月，上海革命历史纪念馆筹备处革命委员会成立，向市委革委会请示，拟在中共一大会址附近新建一处辅助陈列室，并要求将上海革命历史纪念馆筹备处改名为"中国共产党第一次全国代表大会会址纪念馆"。1968年3月，经上海市革命委员会政宣组和文化系统革委会（筹）的认可，上海革命历史纪念馆筹备处改名为"中国共产党第一次全国代表大会会址纪念馆"，刻制启用中共一大会址纪念馆革命委员会公章，并向社会公开开

黄陂南路 374 号出口处

放。至此，沿用了 10 多年的"上海革命历史纪念馆"一名，也正式更名为"中国共产党第一次全国代表大会会址纪念馆"，简称"中共一大会址纪念馆"。同年 6 月 28 日，根据文化部的规定，制成"全国重点文物保护单位"的大理石保护标志，悬挂在兴业路 76、78 号中共一大会址大门旁。

党的十一届三中全会后，中共一大会址恢复了原来的面貌，各国访华的国家元首及贵宾来此瞻仰，全国各地、国内外友人纷至沓来参观学习。中共一大会址纪念馆成为对广大干部进行爱国主义、集体主义、社会主义教育的重要阵地，成为全国各族群众和国际友人了解中国共产党光荣历史和进行革命传统教育的重要窗口。

1983 年 12 月 26 日，中共一大会址纪念馆专门拟写请示报告给上海市文化局党委，请邓小平同志题写馆名。上海市文化局党委拟文上报上海市委宣传部，由上海市委宣传部转报中共中央宣传部。1984 年 2 月 27 日，中共中央宣传部部长邓力群将上海市委宣传部报告送达邓小平处。同年 3 月

中国共产党第一次全国代表大会会址纪念馆

1984 年邓小平亲笔题写的馆名。挂牌后沿用至今，悬挂于黄陂南路 374 号的出口处

21日，邓小平处将邓小平题写的"中国共产党第一次全国代表大会会址纪念馆"手迹交与中央宣传部。3月24日，邓力群将邓小平亲笔题词、邓小平处批单和附注一起送往上海。3月30日，上海市委宣传部送回邓小平为中共一大会址纪念馆题写的馆名。纪念馆收到后非常重视，小心地将原件装裱成轴。

邓小平手书真迹书写在一帧长方形的"冰雪笺"纸上，长133厘米、宽31厘米，白底黑字，用毛笔书写。虽未落款和书写日期，但从所附的批示可知，书写的日期为3月。

1984年6月，为庆祝中国共产党诞生63周年，中共一大会址纪念馆决定换挂由邓小平亲笔题词的金字馆牌，馆牌长200厘米、宽40厘米，共19个字，每字约12厘米见方。6月30日，由邓小平亲笔题写馆名的新馆牌正式揭幕。这一馆牌一直沿用至今。

探索小百科

"馆"与"館"

当年邓小平为中共一大会址纪念馆亲笔题写的馆名中，其中"馆"字用的是繁体字"館"，纪念馆与市委宣传部还慎重探讨了是否有必要改为简体字一事。针对此字，纪念馆特地请教了书法家和书画专业人员，均认为二字可以通用，因此现题"館"字并无误。同时，纪念馆找到了1983年4月邓小平为"韶山毛泽东同志纪念馆"所写的题词，也是繁体字"館"，由此可见，这是邓小平的习惯写法。最后，经多方意见和慎重考量，决定保持邓小平原字，不作修改。

1995年7月12日，纪念馆文物鉴定小组成员鉴定时一致认为：邓小平为中共一大会址纪念馆题写馆名，充分反映了邓小平对党的诞生地的重视和关心，这幅题字与董必武为中共一大会址的题词"作始也简，将毕也巨"一样，都具有重要的历史意义，可作一级文物。同年11月，国家文物局全国一级革命文物鉴定确认专家组认为，因邓小平健在，暂不作一级文物。邓小平同志逝世后，这幅题字被定为国家一级文物。邓小平同志为中共一大会址纪念馆题写馆名是中共一大会址纪念馆历史上的一件大事，为中共一大会址这一革命史迹再次增添了光辉。

（陈艺伟　助理馆员）

不忘初心　牢记使命
习近平总书记带领中央领导集体瞻仰中共一大会址

中国共产党人的精神家园

2017年10月31日上午，党的十九大闭幕仅一周，中共中央总书记、国家主席、中央军委主席习近平带领中央政治局常委专程从北京前往上海，集体瞻仰中共一大会址。习近平动情地说，毛泽东同志称这里是中国共产党的"产床"，这个比喻很形象，我看这里也是我们中国共产党人的精神家园。

2017年10月31日上午，秋风送爽，丹桂飘香，习近平率领中央政治局常委李克强、栗战书、汪洋、王沪宁、赵乐际、韩正，一下飞机，就来到位于上海市兴业路76号的中共一大会址。这座见证了上海近一个世纪风云变幻的石库门建筑，1952年9月修复并对外开放。96年前，1921年7月，中国共产党第一次全国代表大会在这里举行，宣告了中国共产党的诞生。今天，中国共产党已经成为拥有9800多万党员的世界最大执政党。

展厅序厅

　　习近平等在兴业路下车后，缓步来到中共一大会址纪念馆。2007年，习近平在上海担任市委书记期间曾3次到这里。习近平等首先瞻仰了中共一大会议室原址。当年，13位来自7个不同地方的代表和2位共产国际代表，就是在这个18平方米的房间召开了具有划时代意义的中国共产党第一次全国代表大会。青色砖墙、红色窗棂、精致条桌、硬木椅、小圆凳、雕花茶杯、粉色花瓶、紫铜烟缸……习近平久久凝视着，叮嘱一定要把会址保护好、利用好。他动情地说，毛泽东同志称这里是中国共产党的"产床"，这个比喻很形象，我看这里也是我们中国共产党人的精神家园。

　　参观完旧址，习近平等来到纪念馆陈列大厅，瞻仰了中共一大代表铜像浮雕。他对着浮雕一一列数中共一大13名代表的姓名，感叹英雄辈出，也感慨大浪淘沙。随后，在讲解员的引导下参观了《伟大开端——中国共产党创建历史陈列》。这个基本陈列是中共一大会址纪念馆为了迎接建党95周年，历时近两年的时间精心打磨而成的。展览共分序厅、"前赴后继、救亡图存"、"风云际会、相约建党"、"群英汇聚、开天辟地"和尾厅五个部分，通过实物、图片、雕塑、沙盘、油画、多媒体等多种手段，全方位展现了中国共产党创建的历史过程。习近平一边听取介绍，一边询问细节。

在陈望道翻译的《共产党宣言》展柜前，习近平驻足凝视，他曾多次讲述陈望道在翻译《共产党宣言》时"蘸着墨汁吃粽子，

多媒体动态剪影《陈望道翻译〈共产党宣言〉》

还说味道很甜"。真理的味道如此甘甜，一代代共产党人为追求真理不惜抛头颅洒热血。讲解员指着展柜中1920年9月版盖有长方形印章的中译本《共产党宣言》解说道，这是大革命后中国共产党早期党员张静泉的父亲张爵谦受儿子嘱托，存放在衣冠冢中的书籍之一。20余年后在登报寻子仍无音讯的情况下，张爵谦才将当年的事情告诉三儿子张静茂，并将书籍从衣冠冢中取出。受父亲委托，张静茂在每本书上盖上"张静泉（人亚）同志秘藏山穴二十余年的书报"长方形印章后，悉数捐给了国家。总书记听了连称很珍贵，说这些文物是历史的见证，要保存好、利用好。建党时的每件文物都十分珍贵，每个情景都耐人寻味，我们要经常回忆、深入思索，从中解读我们党的初心。党的初心是什么？在中国共产党第十九次全国代表大会上，习近平就清晰地指出："中国共产党人的初心和使命，就是为中国人民谋幸福，为中华民族谋复兴。这个初心和使命是激励中国共产党人不断前进的根本动力。"

习近平等来到尾厅，《追梦》的视频短片吸引了他们的目光。这部短片浓缩了我们党波澜壮阔的奋斗历程，在中国共产党的领导下，中国从生灵涂炭、满目疮痍，到世界第二大经济体；从铁钉、火柴都要进口，到自力更生造出"两弹一星"，上可"嫦娥"奔月，下可"蛟龙"入海……一个政党的成长和一个国家的复兴紧密相连。习近平表示，我们党的全部历史都是从中共一大开启的，我们走得再远都不能忘记来时的路。

展厅尾厅《追梦》

　　来到纪念馆宣誓大厅，只见黑白相间的泼墨纹大理石墙面上，悬挂着巨幅中国共产党党旗，黄色的镰刀锤头在鲜血浸染般的旗面上格外夺目。面对党旗，习近平带领其他中共中央政治局常委举起右手，庄严宣誓："我志愿加入中国共产党，拥护党的纲领，遵守党的章程，履行党员义务，执行党的决定，严守党的纪律，保守党的秘密，对党忠诚，积极工作，为共产主义奋斗终身，随时准备为党和人民牺牲一切，永不叛党。"在习近平领誓下，铿锵有力的宣誓声响彻大厅，让现场所有人都深受感染，仿佛回到了那个风雨如磐的年代。习近平强调，入党誓词字数不多，记住并不难，难的是终身坚守。每个党员要牢记入党誓词，经常加以对照，坚定不移，终生不渝。

当天下午，习近平等从上海乘火车来到浙江嘉兴南湖，继续追寻中共一大代表们的足迹。4时40分许，习近平等来到湖边，瞻仰红船，详细了解利用红船开展爱国主义教育等情况。习近平指出，小小红船承载千钧，播下了中国革命的火种，开启了中国共产党的跨世纪航程。

离开南湖，习近平等前往南湖革命纪念馆参观。这座纪念馆2006年6月28日由时任浙江省委书记习近平亲自奠基，2011年纪念建党90周年之际对外开放。在浙江工作期间，习近平把"红船精神"概括为开天辟地、敢为人先的首创精神，坚定理想、百折不挠的奋斗精神，立党为公、忠诚为民的奉献精神。

参观结束时，习近平发表了重要讲话。他表示，这次全体中央政治局常委集体出行，目的是回顾我们党的光辉历程特别是建

南湖革命纪念馆

党时的历史，进行革命传统教育，学习革命先辈的崇高精神，明确肩负的重大责任，增强为实现党的十九大提出的目标任务而奋斗的责任感和使命感。上海党的一大会址、嘉兴南湖红船是我们党梦想起航的地方。我们党从这里诞生，从这里出征，从这里走向全国执政。这里是我们党的根脉。

"其作始也简，其将毕也必巨。"建党以来，我们党团结带领人民取得了举世瞩目的伟大成就，这值得我们骄傲和自豪。只有不忘初心、牢记使命、永远奋斗，才能让中国共产党永远年轻。只要全党全国各族人民团结一心、苦干实干，中华民族伟大复兴的巨轮就一定能够乘风破浪，胜利驶向光辉的彼岸。

党史小博士

不忘初心

2016年7月1日，在庆祝中国共产党成立95周年大会上，习近平总书记发表重要讲话，第一次提出"不忘初心、继续前进"。习总书记在讲话中全面总结我们党团结带领中国人民不懈奋斗的光辉历程、伟大贡献和历史启示，深刻阐述不忘初心、继续前进必须牢牢把握的八方面要求，为全党在新的历史起点做好党和国家各项工作，指明了前进方向，明确了行动指南。

（信息来源：新华社）

（整理：王长流　副研究馆员）

附录

中共一大纪念馆简介

中国共产党第一次全国代表大会纪念馆

中国共产党第一次全国代表大会纪念馆（简称：中共一大纪念馆）是国家一级博物馆、全国爱国主义教育示范基地、全国廉政教育基地、国家国防教育基地。中共一大纪念馆地处上海市黄浦区，由中国共产党第一次全国代表大会会址（简称：中共一大会址）、宣誓大厅、新建展馆等部分组成。

中国共产党第一次全国代表大会会址

中共一大会址地处上海原法租界望志路106号（今兴业路76号），属典型上海石库门风格建筑，建于1920年秋。1921年7月23日，中国共产党第一次全国代表大会在此召开。中国共产党第一次全国代表大会通过了中国共产党的第一个纲领和第一个决议，选举产生了中央领导机构，宣告了中国共产党的诞生。1952年9月，中共一大会址修复，建立纪念馆并对外开放。1961年3月，国务院公布中共一大会址为全国重点文物保护单位。

2017年10月31日，习近平总书记带领中央政治局常委集体瞻仰中共一大会址并在宣誓大厅庄严宣誓，回顾建党历史，重温入党誓词，宣示新一届党中央领导集体的坚定政治信念。

后记

"凿井者,起于三寸之坎,以就万仞之深。"

红色文化是中华民族优秀文化的重要组成部分,红色场馆则是中华优秀历史文化在当代的延续。编写出版"给青少年讲红色纪念馆里的故事丛书",对于开展青少年爱国主义教育和革命传统教育,培育和践行社会主义核心价值观,构筑中华民族共有的精神家园,有着极其重要的现实意义。通过一个个红色小故事,当代青少年可以更深刻地了解和感悟红色历史,引起心灵共鸣,进而将爱国主义内化为精神追求、外化为自觉行动。

在《开天辟地创伟业:建党的故事》一书的编撰过程中,编写者围绕党的创建和发展这条主线,全面立体地展现中国共产党的建党历程,彰显中国共产党人的初心和使命,为青少年呈现了一段可信、可读的历史。

中共一大纪念馆各业务部门的同志，利用业余时间参与本书的编撰工作。缪国庆老师应邀为本书进行文字统稿。在此，我们谨向所有为本书作出贡献、提供帮助的专家和作者一并表示感谢。我们希望这本书能够得到广大青少年的喜爱，成为连接他们未来人生的一段彩虹。

编者

2022 年 7 月

官方微信　　　　　　　　　　　　　官方微博